DOCTEUR GILLES-MARIE VALET



# DITES PAS CI, DITES CELA

## TOUTES LES EXPRESSIONS À ADOPTER POUR UNE ÉDUCATION POSITIVE

Hugo New Life

**Dans la même collection**

*Au secours, mon enfant a des devoirs*, Bernadette Dullin, août 2018

*Prévenir et soigner l'inflammation*, Docteur Catherine Lacrosnière, septembre 2018

*Les bienfaits du sport*, Nathalie Simon, avril 2019.

*Bonjour, Maîtresse ! Journal d'une institutrice d'aujourd'hui*, Rachel Boutonnet, août 2020

Collection New Life dirigée par Valérie de Sahb

Graphisme de couverture et mise en pages : Laetitia Kalafat
Lecture et correction : Alice Yonnet-Droux

34-36, rue La Pérouse, 75116 Paris
www.hugoetcie.fr


ISBN : 9782755641608

Dépôt légal : septembre 2020
Imprimé à Barcelone par Blackprint

# SOMMAIRE

INTRODUCTION

# LANGAGE ET COMMUNICATION, LES FONDEMENTS DE LA PAROLE BIENVEILLANTE

Le langage est indispensable au fonctionnement relationnel humain. Nous l'utilisons en permanence, par nécessité, pour transmettre des informations, par plaisir, pour échanger avec nos proches ou leur transmettre nos ressentis ; par habitude, pour combler le vide et éviter les silences gênants ou même lorsque nous sommes seuls, pour éviter de nous sentir reclus, voire pour formuler tout haut des considérations personnelles ou laisser échapper un juron (litote pour évoquer certains mots extrêmement grossiers dont nos enfants se font les réceptacles)...

Or, si communiquer avec son enfant est bien entendu essentiel puisque nous sommes des êtres de langage, il importe que cette communication ne lui porte pas préjudice. Pour cela, il va nous falloir lutter, en tant qu'individus, contre le conditionnement culturel que nous avons subi et où l'agressivité, consciente ou inconsciente, souhaitée ou non, polluait la communication autour de nous. Communiquer, ce n'est pas seulement parler. C'est aussi penser et agir.

L'expression est le plus souvent spontanée, et cette instantanéité des paroles est indispensable à l'établissement de relations sereines et fluides. Aussi n'est-il pas question de tourner systématiquement sept fois sa langue dans sa bouche, selon le vieil adage populaire, mais de prendre conscience de l'impact ou du sens sous-jacent de certaines locutions pour progressivement les remplacer par d'autres, plus appropriées. À chacun·e de trouver, bien sûr, celles qui lui conviendront le mieux en fonction de son vocabulaire, de ses origines, de ses lectures, de son éducation, et du naturel qui le·la caractérise.

L'idée de ce recueil est de mettre la lumière sur toutes ces expressions que nous utilisons au quotidien, sans nous rendre compte de leurs messages latents, qui, par leur répétition, nuisent au bon développement et au plein épanouissement de nos enfants.

Les jeunes enfants n'ont pas la même compréhension que les adultes. Bien souvent, ils prennent les mots au pied de la lettre. Pour communiquer avec eux de façon adaptée, il est nécessaire d'utiliser un langage simple et concret.

Mieux compris, les parents sont alors mieux écoutés, ce qui permet aussi de gagner en autorité.

Ce sont ainsi les principes de la communication positive (éléments clés de l'éducation bienveillante) que ce recueil se propose d'exposer en les illustrant des expressions qu'il est plus sage d'éviter et de celles à favoriser. Pour autant, les mots ne sont pas seuls à véhiculer du sens et des ressentis. Notre façon de les dire, l'influence de nos émotions, les biais que provoque parfois ce que nous interprétons des messages de nos interlocuteurs, peuvent avoir sur nos enfants un impact que l'on ne perçoit pas forcément. Pour mieux en prendre conscience, il convient de saisir tout le sens et l'art de la communication empathique qui vise à limiter toute agressivité implicite dans notre discours.

Dans une première partie introductive, il s'agira de poser les fondements de la parole bienveillante.

Suivront trois grandes parties, correspondant aux grandes étapes du développement de l'enfant (la petite enfance, l'âge de raison et l'adolescence), dans lesquelles seront évoqués les thèmes essentiels que sont la gestion des émotions, le sens de la responsabilité, autoriser et interdire, les pièges éducatifs... Enfin, nous reviendrons en conclusion sur les fondements d'une parole qui se veut empathique, à l'écoute de celui à qui l'on s'adresse.

Il est possible, dans les échanges que nous avons avec nos interlocuteurs, de distinguer plusieurs modalités d'expression. Dans le langage lui-même, on peut distinguer le fond (le message que l'on veut transmettre) de la forme (les mots utilisés pour le faire). Le ton intervient également, selon que l'on parlera fort ou doucement, calmement ou sous le coup de l'emportement.

Les enfants vont être sensibles à ces différentes modalités d'expression, et cela d'autant plus que l'accès au sens n'est pas évident : plus un enfant maîtrise le langage et les mots qu'il entend et qu'il dit, plus le fond du message – la parole et le sens qu'elle véhicule – occupe l'essentiel de ce qu'il retient. En revanche, plus il est jeune, plus la « forme » – le ton, le langage corporel – intervient, avec toute la charge émotionnelle qu'elle peut comporter.

Ainsi le langage, qui est affaire de sons et d'images, d'émotions et d'intentions transmises, constitue une série de stimulations sensorielles dont l'intensité peut favoriser des bouleversements.

Les études les plus récentes en neuroscience mettent en évidence que des stress traumatiques répétés (physiques comme psychologiques, incluant la violence verbale – des mots agressifs ou humiliants, des insultes, des cris... ) favorisent la sécrétion de neuromédiateurs (dont l'adrénaline et le cortisol...) qui ont à long terme des effets délétères sur le développement du cerveau. Cela affecte en particulier la région préfrontale (cortex préfrontal médian), plus spécifiquement impliquée dans l'établissement des relations sociales, dans les processus affectifs et notamment ceux qui jouent sur la motivation et le contrôle de l'humeur. Il peut même en résulter, dans les cas les plus graves, une diminution du volume du cerveau et une dérégulation du système neuroendocrinien de réponse au stress associé à un dysfonctionnement limbique, avec des conséquences sur l'hippocampe alors même qu'il joue un rôle important dans la gestion des émotions. Ces neuromédiateurs peuvent également avoir des effets physiologiques délétères à long terme par leurs actions sur certains organes et sur le système immunitaire (chargé de nous protéger des infections et de certaines maladies).

A contrario, des attitudes bienveillantes (mots, ton de la voix, expressions douces, encourageantes, comportements empathiques, gestes tendres) favorisent l'émission d'ocytocine, molécule bien connue pour son action dans l'accouchement, l'allaitement et les comportements maternels. Des études plus spécifiques mettent en évidence que le rôle qu'elle joue chez l'être humain est bien plus vaste, puisqu'il s'étendrait à l'empathie, à la reconnaissance sociale et même au plaisir sexuel.

Bien sûr, la plupart du temps, les échanges que nous avons avec nos enfants ne comportent pas de charge émotionnelle susceptible de générer les niveaux de stress que nous venons d'évoquer. De même, les êtres humains que nous sommes ne peuvent être réduits à de simples machines agissant seulement sous le coup des hormones. Pour autant, les mots eux aussi, leur sens, les intentions qu'ils portent et l'interprétation que l'on en fait, vont être sources de réaction, tant psychique qu'émotionnelle, et joueront pour cela une influence sur notre construction, sur les plans à la fois de la personnalité et du caractère.

I

# L'ENFANT, DE LA NAISSANCE AU DÉBUT DE SA SOCIALISATION

(0 À 2 ANS)

Au prétexte que notre enfant ne sait pas encore parler, qu'il ne communique pas bien ou n'est pas en mesure de comprendre les mots compliqués que nous utilisons, il ne faut pas croire qu'il n'est pas sensible à notre discours !

Nous venons au monde avec cinq sens (la vue, l'ouïe, le toucher, le goût et l'olfaction) dont la fonction est de nous renseigner sur le monde qui nous entoure. Or les deux premiers cités sont amplement suffisants pour amorcer une communication.

Dans un premier temps, le nouveau-né ne pourra pas compter sur sa vision, car elle est le dernier sens à se développer. En effet, elle doit attendre la naissance et l'exposition à la lumière, dont la cavité utérine l'avait jusqu'alors protégée, pour que ses récepteurs soient stimulés. De plus il lui faudra un peu de temps pour s'améliorer (le bébé de six mois ne voit pas au-delà de quelques mètres). En revanche, son audition, elle, est déjà très performante. Dès le quatrième mois de grossesse, le fœtus commence à entendre les sons, même si son cerveau n'est pas encore suffisamment développé pour analyser ces perceptions. Il devient véritablement performant à partir du sixième mois. Il n'est donc pas inutile, pendant la période d'attente qui couvre les derniers mois de grossesse, de prendre l'habitude de lui parler, de lui fredonner des chansons ou de commenter vos propres réactions lorsque vous traversez des moments émotionnellement riches.

Il me revient, à ce sujet, une anecdote amusante.

J'ai l'habitude d'écouter de la musique lorsque j'écris, le week-end, en vacances ou dans les périodes où mon travail de consultant me le permet. Un dimanche matin, mon fils jouait à quelques pas de moi, dans le salon, pendant que je mouchetais l'écran de mon ordinateur de quelques considérations théoriques, et les chansons s'égrenaient au gré de la programmation de l'application musicale de ma radio préférée. Subitement, le combat de chevaliers et de pirates auquel mon fils s'adonnait – quelque peu bruyamment je dois le dire – s'arrêta. Je relevai la tête et vis mon garçon immobile, comme sidéré, à l'écoute du morceau qui passait. Je reconnus instantanément la berceuse yiddish de Marie Laforêt, que sa mère avait écoutée pendant toute la grossesse et les jours suivant la naissance, pour s'aider à trouver le sommeil quand les angoisses de l'accouchement avaient commencé à perturber ses nuits. Nous ne l'avions plus entendue depuis, mais il semble qu'à cet instant la mémoire sensorielle de Thibaud venait d'être interpellée par une mélodie familière...

## L'ATMOSPHÈRE SONORE ET LES PREMIERS MODES DE COMMUNICATION

Le bébé est donc dès sa naissance très sensible aux bruits qui l'entourent. Il le sera plus encore aux cris et à toutes les formes d'expression trop violentes. Les premières phrases à éviter seront donc, quel qu'en soit le contenu, celles qui seront prononcées trop vivement.

D'une façon générale, l'audition du nourrisson capte toutes nos inflexions de voix, ce qui lui permet de percevoir chacune des humeurs de son interlocuteur : la tendresse d'un commentaire accompagnant l'allaitement, la tension anxieuse des injonctions à calmer ses pleurs, les goulus « gouzi-gouzi » joyeux répondant à l'agitation de ses petits pieds... Cela touche jusqu'aux silences qui accompagnent parfois les attitudes ritualisées – lorsqu'elles sont perçues comme des contraintes –, d'où est alors absente l'empathie pourtant nécessaire à toute interaction.

Ses autres sens également sont aux aguets et captent les messages non verbaux que nous lui adressons involontairement. De fait, il n'est pas non plus indifférent aux mouvements, ainsi qu'aux marques physiques d'attention : caresses, câlins, nettoyage délicat qu'accompagne le changement des langes ou, à l'inverse, retrait brutal du biberon, gestes trop automatiques effectués dans la précipitation ou l'énervement.

Par ailleurs, pendant ces premiers mois de vie, les bases du langage se construisent et le nourrisson affine ses capacités à communiquer.

La façon dont on s'exprime sera donc déterminante.

## QUELQUES NOTIONS DE COMMUNICATION NON VERBALE

Si elle est souvent réduite au terme de « langage du corps », la communication non verbale se définit surtout comme un échange d'information, un dialogue entre deux ou plusieurs individus, ne s'appuyant pas sur les mots ou la parole. Le message est ainsi transmis, volontairement ou non, par les expressions du visage, les mouvements (actions et réactions, intentionnelles ou non) ainsi que tous les autres signaux qui peuvent émaner de la personne, odeurs, signes de sudation, rougissement des joues... En d'autres termes, le corps transmet un message aussi efficace que celui que donnent à entendre les mots, et même probablement plus direct, car échappant le plus souvent à la volonté et donc aux nuances ou aux arrangements qui peuvent travestir les propos selon ce que portent les intentions communicatives. Ainsi, on peut avoir envie de transmettre un message, sans être profondément en accord avec celui-ci. Notre corps peut alors, sans le vouloir, trahir ce que l'on pense réellement : c'est ce qui arrive, par exemple, au timide qui rougit (involontairement) à l'énoncé de sa performance, à l'enfant qui baisse les yeux tout en niant sa responsabilité dans une bêtise ou au modeste qui ne peut s'empêcher de sourire quand il aurait voulu rester impassible en recevant des compliments...

Or dans un échange verbal, chaque intervenant, celui qui parle comme celui qui écoute, répond ou reste muet, réagit inconsciemment. Un désaccord entre deux interlocuteurs peut survenir alors que le message oral – porté par les mots – semble pourtant consensuel. La communication non verbale ajoute une dimension supplémentaire qui n'est d'ailleurs pas toujours en phase avec le message verbal. On peut ainsi observer parfois des « malentendus » lorsque chacune de ces modalités expressives se révèle en contradiction avec l'autre.

Le langage du corps peut donc, selon les situations, parfaitement amplifier le sens des mots ou le contredire et brouiller le message. Les conséquences peuvent en être la gêne, l'incompréhension ou, pire, le désaveu de celui qui l'écoute.

On parle parfois de « double contrainte » pour évoquer cet envoi simultané de deux messages contradictoires sur ces deux canaux différents, verbal et non verbal.

Noémie, trois mois, m'avait été adressée sur les recommandations de son pédiatre devant des régurgitations systématiques après chaque repas. Rien dans les examens réalisés ne laissait suspecter une quelconque origine organique à ce trouble alimentaire. Une consultation pédopsychiatrique lui fut alors proposée, ce que sa mère de trente-trois ans accepta d'autant plus facilement qu'elle avait fait le choix d'un allaitement au sein, et voyait d'un mauvais œil le fait de devoir passer au biberon au prétexte que cela permettrait d'épaissir le lait pour limiter les reflux.

Dès les premiers entretiens, son désir de bien faire, son extrême prévenance vis-à-vis des autres en général, et de sa fille en particulier, masquaient mal une certaine appréhension, que l'on aurait aisément pu associer à une anxiété de performance. C'est ainsi que l'on nomme la tension que peut générer la peur de mal faire, de ne pas se sentir à la hauteur des attentes que l'on pense devoir satisfaire. Le choix de privilégier l'allaitement naturel, comme l'utilisation de langes en tissu et de liniment en remplacement des traditionnelles lingettes jetables, illustraient à la fois le désir de proposer le meilleur à son nourrisson et son souci de préserver l'environnement. Or, si la mère de Noémie semblait s'être adaptée au supplément de contraintes que nécessitent le recours aux méthodes traditionnelles et l'utilisation de produits naturels, il apparut rapidement qu'il en était différemment de l'allaitement. Un goûter improvisé au cours d'un entretien où Noémie manifesta sa faim et le désir d'être sustentée permit de mettre cela en évidence. La tension qui augmenta dans les mouvements de la mère, au fur et à mesure que se firent plus criantes les manifestations d'impatience de l'enfant, le ton dissonant des propos pourtant bienveillants que l'adulte enchaîna avec une fausse légèreté, les paroles d'encouragement qui s'entendaient comme autant d'injonctions à se dépêcher de finir de téter, cachaient mal toute l'ambivalence douloureuse de cet acte maternel loin d'être anodin. La survenue de crevasses douloureuses et l'exigence d'une disponibilité importante avaient contribué à remettre en question certaines aspirations sans pour autant que la mère parvienne à renoncer aux convictions auxquelles elles étaient associées. Chaque allaitement était ainsi devenu un moment de conflit intérieur où la jeune femme se sentait partagée entre l'envie de la mère de satisfaire au dogme de la « bonne mère » et ce que la femme pouvait supporter. Et le nourrisson, entièrement à « l'écoute » de sa maman dans ces instants de proximité, percevait un message contradictoire, qu'il avait du mal à digérer…

On appelle fuites comportementales ou fuites non verbales les manifestations d'émotions visibles. Elles apparaissent sur le visage sous la forme d'expressions. Elles sont visibles aussi par des gestes involontaires se produisant à divers endroits du corps. Quand deux personnes communiquent ensemble, l'une peut essayer de tromper l'autre, intentionnellement ou non. Elle peut aussi simplement avoir envie de montrer d'autres émotions que celles qu'elle ressent réellement, que ce soit pour rassurer l'autre, lui faire plaisir ou se montrer à la hauteur de ce qu'elle pense devoir prouver. Dans le cas de la mère de Noémie, certains gestes trop brusques, le caractère plaqué de certaines de ses expressions, trahissaient ses ressentis : le désagrément provoqué par la succion de son mamelon crevassé, la tristesse sans doute que cela ne se passe pas comme elle l'avait rêvé, le mal-être né de l'ambivalence qu'elle ressentait à s'obstiner dans ce choix tout en ne pensant qu'à y mettre un terme…

Le thérapeute familial peut se révéler, comme dans le cas de Noémie et de sa maman, un véritable « décodeur ». Évoquer ce que le médecin observe, pour permettre à la mère de capter ses propres émotions, dissocier ce que véhiculent les mots (les intentions de la maman) et ce que traduisent les gestes et les intonations (ce que vit réellement la femme), pour permettre de dire vraiment ce que l'on éprouve, sans honte ni regret, interpréter les réactions du bébé, et en décrire l'évolution au fur et à mesure que les interactions mère-bébé retrouvent leur cohérence... sont, en résumé, les étapes qui ont permis à la dyade parent-enfant de s'épanouir autour d'échanges d'une nouvelle qualité : l'allaitement est depuis réalisé au biberon, avec le lait maternel qu'il est possible de recueillir et de conserver, ce qui permet également, de ce fait, d'associer le papa à ces moments d'intense complicité...

Le plus souvent, cependant, l'expression des émotions sur le visage est en cohérence avec le vécu interne de chacun et ces manifestations automatiques illustrent d'autres modalités de cette communication non verbale. Grimaces, rictus, sourire, froncements de sourcils, impassibilité, écarquillement des yeux, larmes, amollissement, rétroversion ou entrebâillement des lèvres... seront ainsi les traductions involontaires des six émotions primaires (colère, dégoût, joie, peur, tristesse, surprise) que le chercheur P. Ekman définit comme universelles.

Un intérêt tout particulier de ces recherches, conduites dans les années 1970 et regroupées sous le terme de « Théorie des émotions de base » (Basic Emotion Theory,

BET), est qu'elles ont en effet mis en évidence l'origine biologique de ces émotions, les libérant de tout déterminisme culturel ou éducatif et intentionnel. Ainsi, leur expression dépend de l'activation spécifique et différenciée du système nerveux autonome. Ce dernier est responsable entre autres du fonctionnement des organes (foie, poumons, tube digestif...) qui échappent au contrôle volontaire, à la différence des muscles des membres, par exemple, qui sont, eux, actionnés par le système nerveux volontaire lorsqu'on réalise des mouvements... Ce système nerveux autonome permet la libération de molécules (neuromédiateurs) qui nous font ressentir selon le contexte joie, tristesse, colère, dégoût, peur, surprise, comme toutes les variations que cela favorise, et provoque dans le même temps une stimulation des muscles, du visage notamment (à l'origine de ces micro-expressions : sourire, rire, moue, froncement des sourcils, larmes...), comme cela peut affecter celle des vaisseaux sanguins (rougeur ou pâleur...) ou d'autres organes (tube digestif, à l'origine de nausées, cœur, respiration...).

À l'inverse, il est des situations où l'absence d'expression peut avoir des conséquences équivalentes à celles d'un mutisme (absence de dialogue). Imaginez une situation dans laquelle vous vous trouveriez seul·e en tête à tête avec une personne familière, et que celle-ci, malgré vos sourires, vos remarques (non verbales ou prononcées), ne vous renverrait qu'un visage immobile, figé, ou, à l'inverse, réagirait à des sollicitations venues d'ailleurs. Que ressentiriez-vous ? C'est exactement à ce type de situation que le nourrisson est exposé lorsque l'adulte qui s'occupe de lui est absorbé par autre chose. Le cas le plus fréquent est celui du parent qui nourrit son enfant devant la télévision ou en lisant les notifications que lui transmet son téléphone portable. Il réagira à ce qu'il·elle voit, indépendamment des réactions de l'enfant. Il n'y aura aucune adéquation entre ce que ressent le bébé (satisfaction, plaisir, ou inconfort, agacement... en fonction de ce qu'il ingurgite) et les manifestations du parent. Bien souvent, cela pousse l'enfant à augmenter l'intensité de ses démonstrations, par des cris ou de l'agitation, seuls moyens de capter l'attention du parent. Cela survient également lorsque l'adulte est trop préoccupé par ses propres soucis, voire sous le coup d'une dépression l'empêchant de se connecter aux émotions de son bébé.

## LE BÉBÉ EST UNE PERSONNE : CE QU'IL EST PRÉFÉRABLE DE NE PAS DIRE OU NE PAS FAIRE

Communiquer avec son tout-petit est donc avant tout une question de présence : il s'agit d'être complètement, totalement, intensément à ce que l'on fait... D'autant que chez le nourrisson, les moments d'éveil sont moins fréquents que les moments de sommeil ! Et les jeux à proprement parler, encore relativement restreints. N'hésitez pas à commenter ce que vous faites, quand vous le baignez, le changez, l'allaitez (au sein comme au biberon)... Décrivez les odeurs (celles agréables comme celles qui ne sentent pas la rose !), annoncez-lui ce que vous allez lui faire, évoquez ce que vous ressentez, même lorsque vous êtes contrarié·e ou triste… Effectivement, si l'enfant de moins d'un an ne peut pas comprendre les mots des émotions, il perçoit bien, en revanche, instinctivement et grâce à chacun de ses sens, que les soins ou l'attention que vous lui portez n'ont pas toujours la même saveur. Gestes plus doux ou plus brusques, mots plus rares ou plus enjoués, visage plus ou moins souriant…

Il ne s'agira pas, bien sûr, de parler devant lui de choses qui ne le concernent pas, surtout si elles sont chargées de problématiques d'adultes (conflits au travail, désaccords dans le couple, informations préoccupantes comme celles qui peuvent nous être transmises par les journaux télévisés, etc.). Ainsi, évitez de vous disputer avec votre conjoint ou votre compagne devant ce bébé que l'on pourrait oublier dans son berceau, ou que l'on considérera comme à l'abri des scories de la dispute au prétexte qu'il n'en comprend pas les termes.

Car le bébé n'est pas un meuble lisse sur lequel glissent toutes ces stimulations.

En fait, le nourrisson est extrêmement sensible aux émotions que les êtres vivants dégagent autour de lui, d'autant plus quand elles sont portées par des intonations de voix qui créent un environnement sonore stressant.

Ainsi, on ne saisira pas dans ses bras un enfant de la même façon si l'on est calme et serein·e ou si l'on est sous l'emprise d'une colère. Si, pour autant, nous précisions quelques lignes plus haut qu'il est tout à fait adapté d'évoquer nos ressentis, c'est parce que de toute façon personne, aucun adulte, aucun parent, ne peut être d'humeur égale et, a fortiori, toujours joyeux... Inutile donc de chercher à donner le change à ce petit, au risque qu'il perçoive un « double discours ». En revanche, souvent, le fait de pouvoir évoquer ce que l'on éprouve (avec un timbre de voix, une prosodie, une qualité de gestes et d'interactions en lien avec ce vécu...) va conférer au moment que vit l'enfant une « ambiance » particulière qu'il va progressivement identifier.

Il va ainsi apprendre à reconnaître et à distinguer les variations de contexte dans lequel il vit, les moments agréables ou désagréables de son quotidien de bébé, en fonction de votre état émotionnel.

Parallèlement au ton employé pour parler à son bébé se pose également la question des mots même à privilégier.

## QUELLES PHRASES, QUELS MOTS SONT ADAPTÉS À LA COMMUNICATION AVEC UN BÉBÉ ?

Entre les partisans d'un langage châtié et ceux qui préfèrent se laisser régresser à des onomatopées ou des mots-phrases, le débat n'est pas nouveau. Et pour tout dire, il ne semble pas qu'un consensus ait été trouvé : il s'agit avant tout d'une question de personne, de sensibilité et de compromis.

Il faut comprendre que derrière ces interrogations s'expriment bien plus que des préoccupations concernant le développement du langage : cela touche en grande partie à ce que l'on considère comme des manifestations de tendresse et d'attention. Ainsi, pour certains, des propos trop « adultes » sont perçus comme trop sévères et dénués d'affection, quand d'autres auront l'impression de « bêtifier » et de sous-estimer leur enfant.

En définitive, il n'y a pas de règle absolue en matière de langage bébé. Sans pour autant jargonner ou babiller comme un immature, on peut tout à fait parler à son bébé simplement ou de manière plus élaborée sans que cela nuise à son éveil cognitif ou à son développement affectif. Il acquerra bien assez tôt les mots utiles à son autonomie. La priorité doit être accordée à la spontanéité : la façon de s'adresser à l'enfant doit être la plus naturelle possible. Ce sont les émotions transmises qui sont primordiales pour les tout-petits, car leur syntaxe n'est pas assez développée pour qu'ils fassent le tri entre langage simple et langage complexe. Un test simple, pour les parents qui hésitent, consiste à se demander comment ils ont envie de parler à leur enfant, instinctivement, quand ils sont seuls avec lui.

Ce que les études sur le développement du langage montrent, au-delà du clivage mots d'adultes/mots de bébé, est que l'enfant sera d'autant plus intéressé par les mots qu'on lui propose que ceux-ci seront accompagnés de mimiques drôles ou expressives. Aussi, souriez, écarquillez les yeux ou froncez les sourcils, articulez ou ouvrez une large bouche et observez comment réagit votre bébé. S'il se montre intéressé, amusé, surpris, n'hésitez pas à recommencer : il s'agit là de vos premières conversations ! Ainsi se mettent en place les fondements de la communication, lorsque vous vous exprimez tous les deux à tour de rôle.

À l'inverse, apprenez à décoder ses cris et ses productions sonores qui sont, pendant les premiers mois, ses seuls moyens d'expression, afin de lui répondre de façon adaptée. Ses propres mimiques sont pour cela de bons indicateurs : une grimace, une moue, un regard amusé, des yeux écarquillés, des doigts dans la bouche, des contractions abdominales ou des mouvements incontrôlés des bras... viendront faire les sous-titres de toutes ses manifestations sonores.

Ainsi, évitez de laisser crier ou pleurer un bébé. S'il le fait, ce n'est ni pour vous ennuyer ni par caprice. Il veut forcément vous dire quelque chose, et se désespère qu'on ne le comprenne pas !

Rassurons d'emblée les parents qui ne seraient pas à l'aise avec l'idée de s'adresser à un petit être mutique ou dont les seules vocalises sont des cris et des pleurs : votre nourrisson va très vite se mettre à produire de « vrais » sons.

Dès trois mois, il commence à gazouiller de façon volontaire, c'est-à-dire qu'il va émettre des sons, différents des pleurs ou des rires, mais qui ne sont pas encore précisément modulés.

À partir de six mois, il articulera davantage ses productions et pourra ainsi répéter plusieurs syllabes identiques à la suite, comme « gagaga » ou « mamama ». On appelle cela le « babillage ». Il n'y a qu'un pas pour qu'il imite certains sons, qu'il reconnaisse certains mots (vers neuf mois, même s'il ne sait pas encore les prononcer) puis – entre douze et seize mois – qu'il commence à dire certains mots (« maman », « papa », « non », et le cas échéant, des petits noms pour les très proches ou l'animal familier...).

Aussi, dès que votre bébé commence à produire des sons, vous pouvez vous amuser à l'imiter. Au bonheur de beaucoup l'amuser s'ajoutera la stimulation naturelle de son envie de communiquer. Une approche plus dynamique encore consiste, lorsqu'il babille, à reprendre les sons qu'il émet pour en former des mots :

Votre petit ange :
– « Ba-ba-ba… »
Vous :
– « Oui, tu veux la balle… tiens ! »
Lui·elle :
– « Ma-ma-ma-ma… »
Vous :
– « Maman, oui c'est moi, et toi c'est Léa ! »

C'est une façon efficace et naturelle de lui faire comprendre que les sons constituent des mots et que ces derniers sont pourvus de sens.

Appelez souvent votre tout-petit par son prénom, pour qu'il prenne l'habitude de le reconnaître. De même, n'hésitez pas à dénommer les êtres et les objets qui retiennent son attention : le chat qui se dérobe à ses gestes mal coordonnés, votre collier qu'il essaie de saisir ou les jouets qu'il pointe du doigt. L'occasion peut alors se présenter de l'initier à la notion d'interdit :

– « Ça, c'est le collier de maman… et tu n'y touches pas ! »

Effectivement, de toutes les phrases que l'on échange avec un tout-petit, beaucoup portent sur les mises en garde et les limites que très tôt l'on ne peut s'empêcher de poser. Une part de ce discours prend sa source dans le sentiment de responsabilité (certains parleront d'instinct protecteur) que nous développons naturellement vis-à-vis de nos enfants. C'est ce dernier qui nous pousse à imaginer que notre protégé s'expose à tous les dangers et qui nous rassure avec l'idée que la meilleure protection est l'évitement.

## LES PREMIERS ORDRES

Ainsi les premières consignes se constituent d'abord d'interdits. Ceci dit, en commençant très tôt à les poser, vous vous faciliterez grandement le travail ultérieurement. Il est beaucoup plus aisé de dire non à un nourrisson qui n'a pas d'arguments à nous opposer qu'à un enfant de l'âge de raison qui nous lancera son œillade la plus attendrissante pour faire fondre notre autorité de pacotille.

Statistiquement, le premier mot qu'il va reconnaître, après maman, papa et son prénom, c'est le... « non ! ». Mais c'est également le premier, ou le plus fréquent, qu'il vous resservira dès qu'il commencera à parler ! Aussi n'est-il pas inutile de s'interroger sur l'utilisation que nous en faisons nous-mêmes.

### Le recours au «NON!» à tout bout de champ

L'utilisation trop fréquente de cette interjection finit par lui faire perdre en « efficacité ».

On concevra que dans certaines situations de danger ou d'urgence, il reste l'intervention qui entraîne la réaction la plus immédiate, et donc la plus pertinente. Porté par une « grosse voix », associé à un regard noir et réprobateur, il suffira amplement à dissuader votre petit·e explorateur·trice de glisser ses doigts dans la prise ou d'attraper le vase en porcelaine de Chine de votre grand-mère bien-aimée.

### Le «non» pour l'arrêter dans un geste qui vous déplaît

Dans le cas où notre intention est davantage de lui interdire d'accéder à un objet convoité, mais auquel il n'a pas droit, ou de réaliser une action qui ne lui est pas autorisée (ce n'est pas le moment, ce n'est pas adapté à son âge...), préférez des expressions plus spécifiques : « stop », « plus tard », « ce n'est pas pour toi » font très bien l'affaire... comme le « ça suffit » (et expressions apparentées), qui présente également la caractéristique d'avoir plusieurs syllabes, ce qui permet d'en moduler les inflexions et de multiplier ainsi les intentions que vous pouvez associer à cet ordre. Il pourra selon la situation être prononcé sévèrement ou avec humour, en prenant son temps ou de manière sèche et catégorique, permettant de nuancer l'importance de l'interdit. Surtout, comme il n'a pas la spontanéité du « non ! », on y aura moins recours de façon réflexe, sous le coup de la peur ou de l'emportement.

### Au quotidien, ce qu'il est préférable de faire ou dire

Chaque jour apporte son lot de contrariétés auxquelles

nous faisons face différemment selon notre état de fatigue, de sérénité ou de tension. Lorsque nous partageons notre existence avec un conjoint ou une compagne, que d'autres enfants, parfois adolescents, composent la fratrie dans laquelle grandit le bébé, préférez les moments où le bébé est absent (à la crèche, chez ses grands-parents) ou lorsqu'il dort, pour évoquer les problèmes du quotidien. Cette habitude a plusieurs avantages : elle peut être tout à fait bénéfique pour le couple, car elle limite les réactions sous le coup de l'emportement et favorise la prise de recul et la réflexion. Il en ressortira des échanges bien plus bénéfiques entre les conjoints, car pacifiés. De la même façon, régler individuellement avec chaque enfant les problèmes qui le concernent personnellement peut s'avérer une bonne pratique éducative : on reprendra avec chacun, dans sa chambre, s'il·elle a la chance de ne pas la partager avec son·sa cadet·te, ou en tête à tête sur un coin de la table à manger, la situation que l'on veut régler. D'une façon générale, même s'il n'est évidemment pas question de faire des secrets de tout, le tout-petit et le reste de la fratrie n'ont pas forcément besoin d'être témoins de ces reprises ; évitez d'humilier l'enfant qui se fait gronder et de placer ses frères et sœurs en porte-à-faux.

Pour autant, cela ne doit pas vous freiner lorsqu'il s'agit d'évoquer en sa présence le quotidien et tous les autres temps de vie commune, qu'ils soient paisibles ou non, lorsqu'ils impliquent la famille dans son ensemble. Un bain de langage, qui plus est quand il est positif, est toujours un bon moyen de stimuler son désir d'échanges et ses capacités à communiquer. D'autant plus, si l'on prend le soin de préciser ce que l'on ressent quand on s'exprime (sur un ton agacé) :

– « Je suis très fâché·e contre ce que vous avez fait, les enfants. »

À d'autres moments, en revanche, quand il s'agira de vous adresser à lui, il est important qu'il prenne conscience que le message le concerne : prenez le temps de vous approcher de lui pour qu'il puisse voir votre visage et regardez-le bien dans les yeux. N'hésitez pas à articuler et laissez-le observer le mouvement de vos lèvres.

Les périodes que l'on passe ensemble n'ont pas toujours vocation de communication, elles peuvent pour autant être des moments d'échange. Au cours du bain, lors du change, à chaque tétée... il n'y a pas nécessairement d'information à se transmettre, cependant le contact visuel est toujours important, tout autant que les interactions physiques, sensorielles et motrices. Les caresses, les mots doux ou les chantonnements, les sourires, comme l'observation de ses propres mimiques... Ne sont-elles pas plus distrayantes que les messages Twitter, Facebook ou Snapchat que pourraient proposer votre téléphone mobile ou les images de votre poste de télévision ?

Vous l'aurez compris, les écrans, de quelque nature qu'ils soient, sont à éviter en présence d'un nourrisson.

Ainsi certaines habitudes, comme celles qui consistent à laisser la télévision allumée en permanence, en fond sonore ou pour « occuper » l'espace, sont à revoir. Car si nous, adultes, avons développé notre capacité à filtrer les stimulations multiples qui nous parviennent de l'environnement pour garder une attention plus spécifique à ce que nous faisons, il n'en est pas de même pour les tout-petits. Les images animées, voire agitées, stroboscopiques et sonores, ont un pouvoir d'attraction auquel ils ne peuvent résister. Le risque d'une exposition régulière aux écrans est la saturation sensorielle visuelle et sonore, au détriment des autres sens qui nécessitent pourtant un développement harmonieux. Cela peut favoriser une forme d'isolement, dont l'expression extrême peut s'apparenter à une forme de pseudo-autisme réactionnel. C'est aussi le cas des tablettes tactiles : mêmes lorsqu'elles sont prétendument adaptées à leur âge, elles sont sans intérêt. Elles ne feront pas de votre enfant un futur génie en informatique, d'autant qu'au contraire, les programmes qu'elles proposent sont plutôt conçus pour faciliter les tâches : d'un toucher de la pointe du doigt on recouvre de couleur, et sans dépasser, le motif que l'on a choisi, comme on fera glisser sans effort la pièce virtuelle du puzzle que l'on veut agencer. Cela n'aura donc aucune utilité sur le développement pourtant fondamental de la motricité fine dont dépendent la préhension pour la tenue du crayon, la gestion des mouvements du poignet nécessaires à la précision du trait, ou encore la conscience de la pression à exercer sur la feuille pour y laisser une trace…

Liloo est une petite fille de deux ans que je reçois au CMP (centre médico psychologique) pour enfants où je travaille la moitié de mon temps. Ses jeunes parents ont été poussés à consulter par la pédiatre de la PMI (centre de protection maternelle et infantile), qui s'inquiétait car l'enfant présentait des signes cliniques pouvant faire évoquer une forme d'autisme.

En effet, Liloo semble isolée dans son monde ; à bientôt deux ans elle ne dit aucun mot et fait des crises pour tout : pour manger, au moment du coucher, pour être portée, pour s'habiller, se déshabiller... Le seul moyen trouvé pour la calmer est de lui montrer un dessin animé sur le téléphone portable de son père. Cependant, la solution s'est très vite révélée pire que le mal, car il devient impossible de lui enlever le téléphone sans provoquer instantanément une nouvelle crise. N'ayant que cet enfant, les parents reconnaissent avoir peu de repères concernant son développement, pas de points de comparaison avec d'autres enfants, et ne pas s'être inquiétés de son retard de parole. La maman ne travaille pas et a fait le choix de s'occuper de sa fille à la maison. Mais elle a peu de jouets et la télévision avec les dessins animés « pour enfants » qu'elle propose constitue l'essentiel des distractions. La maman de Liloo précise elle-même qu'elle ne joue pas vraiment avec sa fille, ne sachant pas que lui proposer. « Je ne me souviens pas, me confie-t-elle à ce sujet, que ma propre mère ait jamais joué avec moi... » Par ailleurs, leur habitation est exiguë, avec une chambre comme seul espace de vie, et le voisinage se montre vite hostile, n'hésitant pas à venir se plaindre lorsque « l'enfant fait trop de bruit ». Pour éviter les crises de Liloo et les agressions des voisins, cette mère très aimante mais démunie préfère céder au rituel des écrans. Le coucher lui-même est tombé sous la dictature de la tablette, puisque Liloo ne peut plus s'endormir qu'une fois saturée d'images virtuelles, et épuisée.

Nous aurons donc recours à ce qui pourrait ressembler à une thérapie de « sevrage » : je propose un arrêt immédiat de tout écran, que l'on remplace par de « vraies » activités de jeu. Nous soutenons l'inscription de Liloo à la halte-garderie. Elle y découvre « la vie en société » et les relations avec d'autres enfants. La première semaine est un enfer ! Mais les parents tiennent bon et résistent à la tentation de redonner les écrans pour faire céder les cris. Le relais est pris par des contes musicaux que l'on trouve sur la tablette, dont on maintient cependant l'écran éteint. Seules la voix du récitant de l'histoire, les comptines et les musiques viennent progressivement adoucir les couchers. Et les progrès se font vite sentir. Stimulée par d'autres sensations que visuelles et auditives, Liloo se détourne progressivement des écrans et commence à s'intéresser aux jeux que sa maman lui propose ; et cette dernière prend elle-même de plus en plus de plaisir à interagir avec sa fille. Les échanges deviennent dynamiques et les mots émergent, le langage se structure et vient agrémenter un développement global qui retrouve petit à petit son harmonie.

Pour conclure ce chapitre, il est indispensable de rappeler tout l'intérêt de lire aussi souvent que vous le pouvez des livres à votre enfant. Et selon l'humeur, n'hésitez pas non plus à lui chanter des comptines !

Même si son âge ne lui permet pas de comprendre encore les mots que vous prononcez, il·elle sera sensible aux intonations, aux émotions que vous laisserez diffuser, fera des associations avec les images que vous lui montrerez, et, à force de les entendre, finira par en saisir le sens.

Et si vous ne vous sentez pas l'âme d'une conteuse ou d'un conteur, ou en cas d'extinction de voix, vous pouvez toujours avoir recours aux livres audio dont regorgent les librairies, bibliothèques municipales et… les sites Internet dédiés.

II

# L'ENFANT ET LES ÉMOTIONS

Comme nous venons de le voir, l'enfant de quelques mois à deux ans est dans une première étape de développement, que l'on décrit comme sensorimotrice : elle lui permet d'acquérir une intelligence pratique, celle qui se construit avant le langage et sur la base des réflexes innés, élaborés pendant les neuf mois de gestation ; elle est particulièrement sensible aux émotions brutes.

Après deux ans, la relation qu'entretient l'enfant avec son monde environnant prend une nouvelle tournure : il développe son langage et organise de façon de plus en plus sophistiquée ses moyens de communication. Il va alors façonner un nouveau mode de fonctionnement mental. C'est l'avènement de la pensée symbolique, celle qui lui permet désormais d'associer un symbole à un objet bien réel. Ainsi, un mot, par exemple, mais également toute représentation (jouet, dessin, image...) vont être reliés à la chose bien concrète, celle qui existe dans la réalité, et vont venir la représenter. Le mot (le symbole) devient, *est* l'objet. L'enfant entre dans une période que le Dr Piaget a nommée préopératoire, car elle est le préambule à la période suivante, la période opératoire, celle des opérations concrètes, quand l'enfant commence à effectuer additions, soustractions et autres manipulations mentales de conversion, comme lorsqu'il est capable de « convertir » une dimension en une autre, c'est-à-dire d'en établir l'équivalence. Par exemple, lorsqu'il comprend qu'un litre d'eau pèse un kilo, ou qu'une minute égale soixante secondes.

Pour autant, son raisonnement reste très pragmatique et chaque mot, chaque expression sont souvent pris au pied de la lettre. À l'image de Pierre, à qui je citai cette expression (« prendre les choses au pied de la lettre ») et qui me répondit que les lettres n'ont pas de pieds sinon elles se sauveraient en courant… ! C'est en partie pour cela qu'entre deux expressions pouvant suggérer la même chose, il sera toujours préférable de choisir celle qui prête le moins à confusion. Voici un test qui illustre bien ces limites conceptuelles : demandez à un enfant ce qui est le plus lourd entre un kilo de plume et un kilo de plomb… Si vous-même vous hésitez, l'enfant, lui, répondra dans la majorité des cas, avec la plus belle assurance : « Ben, le kilo de plomb ! » Exactement comme Thibaud qui, du haut de ses cinq ans, soutient à son parrain que la tour Eiffel ne peut pas être plus élevée que l'appartement dans lequel il vit, puisqu'elle « n'a que trois étages… ! »

Une autre raison est en lien avec la sensibilité des enfants, confrontée à la force émotionnelle dont certaines locutions peuvent être chargées. Combien de fois utilisons-nous dans notre quotidien ces phrases que nous pensons anodines : « J'ai la tête qui va exploser ! », après une journée épuisante ; « Tu me sors par les yeux », sous le coup de la colère ; ou encore « C'est mortel ! », car même lorsqu'il s'agit d'évoquer des moments heureux ou sereins, beaucoup de nos expressions passent par des métaphores parfois effrayantes. Je me souviens de ce petit Yanis de trois ans, suivi pour des cauchemars récurrents, et qui me demanda prudemment (c'est la première fois qu'il en parlait de peur de la réaction de ses parents) si sa mère pouvait être un robot ! Il avait surpris un échange entre ses parents où cette dernière disait à son mari « Je suis à plat ! Je n'ai plus de batterie ! » Certes, avec le temps, et notamment l'entrée dans l'âge de raison et le développement de son esprit symbolique, il aurait fini par oublier ces craintes puériles, mais sans doute après une période plus ou moins symptomatique de troubles anxieux (pouvant affecter le sommeil, l'alimentation, la résolution des pipis au lit...).

Ces constatations encouragent à opter, quand on le peut – ou quand on y pense –, pour les propositions les plus neutres.

Les différentes expressions qui suivent ne constituent pas, bien sûr, une liste exhaustive de celles que nous, parents, adultes, adressons régulièrement à nos enfants, sans bien souvent nous rendre compte de leur impact, mais sont autant d'exemples qui pourront éveiller notre sens critique et, en fonction de chacun, accompagner notre évolution vers une parole plus bienveillante. Elles touchent à tous les domaines, du quotidien jusqu'aux moments difficiles de l'existence en passant par l'école, et contribuent à colorer notre façon de jouer notre rôle de parent, notamment dans l'exercice de l'autorité ou l'éducation de nos enfants.

## LES EXPRESSIONS DE TOUS LES JOURS

Le langage courant utilise régulièrement des métaphores pour désigner de façon imagée des situations courantes, parfois dramatiques, parfois cocasses ou anodines, mais dont l'interprétation littérale, faite naturellement par l'esprit des plus jeunes enfants, pourrait faire frémir. Elles font souvent référence à des organes ou des parties du corps, ou sont des allusions à des situations qui pourraient être graves si elles se présentaient réellement.

– « Celui-là, il a vraiment les yeux qui lui sortent de la tête… »
– « Ça saute aux yeux », quand nous pourrions nous contenter de « c'est évident, c'est clair ».
– « Il me sort par les yeux », pour signifier notre agacement à l'égard de quelqu'un ou notre dégoût vis-à-vis de quelque chose.
– « J'ai la tête qui va exploser. »
– « Quand tu fais ça, tu m'arraches le cœur… »

Ce ne sont que quelques exemples ; amusez-vous, au cours d'une journée, à recenser vos propres formules. Vous serez surpris·e par l'étendue de votre imagination quand il s'agit d'illustrer des idées ordinaires.

Après ce constat, il ne s'agira pas de chercher à bannir ces expressions de notre quotidien. Elles font la richesse de nos échanges, elles mettent du sel et de l'humour dans notre communication. L'idée sera davantage, lorsque vous surprendrez chez votre enfant un regard étonné ou une expression dubitative, de lui expliquer, outre le sens de vos propos, les éléments symboliques qui les constituent. Ainsi, pour une expression comme « cela m'arrache le cœur », il sera possible de préciser ce que vous vouliez vraiment dire : « cela me fait beaucoup de peine », en expliquant également le symbole que représente le cœur : « dans cette phrase, je ne parle pas de celui qui bat dans ma poitrine, mais de l'amour qu'il incarne ».

C'est comme cela que vous l'aiderez à élargir de lui-même l'étendue de sa communication. Cela lui permettra également de développer son sens de l'humour. Car avoir de l'esprit est effectivement une qualité qui se cultive, notamment en comprenant la portée symbolique des mots, en déployant toute l'envergure des différents sens et en faisant des liens entre eux. C'est aussi cela qui constitue les bases de l'esprit d'à-propos et du sens de la répartie.

Ainsi éclairée, l'utilisation de ces expressions ne peut se révéler que bénéfique.

En revanche, il pourra en être différemment de certaines assertions, qui, à l'inverse, expriment très clairement ce qu'elles veulent dire, mais, par les idées qui leur sont associées, peuvent avoir des effets moins positifs sur les relations.

## LES EXPRESSIONS QUI NUISENT AU QUOTIDIEN

Porter un sac lourd sur le dos ne nous empêche pas d'avancer. Au cours d'un voyage, cela peut nous ralentir, nous obliger à faire des choix (comme renoncer à rapporter des souvenirs ou à l'emplir d'éléments nouveaux, alors même qu'ils pourraient nous être utiles ou nous faire du bien, au prétexte que nous trouvons notre sac assez pesant comme cela), mais nous conserverons pour autant la possibilité de progresser. Il en va ainsi de ces expressions qui, au quotidien, vont venir peser insidieusement sur nos capacités, et notamment celles qui concernent le développement affectif, quand bien même nous les croyons bénignes. Certes, nos enfants, nos principaux interlocuteurs, peuvent s'en accommoder, mais l'expérience montre que, sur le long chemin de la vie, autant voyager léger ! Ainsi, les relations seront plus sereines, et l'évolution psychoaffective des plus jeunes plus fluide, si nous exprimons nos considérations différemment. C'est ce qu'illustre l'examen de toutes ces formules que nous utilisons au quotidien.

Les propos qui reviennent le plus régulièrement concernent directement les remarques que nous pouvons faire à nos enfants en réaction à des comportements ou des attitudes qui nous déplaisent, et qui portent alors sur des caractéristiques que nous leur attribuons sous l'influence de notre contrariété.

**Les critiques directes (avec ou sans fondement!)**

– « On ne voudra jamais de toi. »

– « Tu es méchant·e. »

– « Tu es ridicule. »

– « Tu es... »

D'une façon générale, lorsqu'une remarque commence par « tu es... », il est fréquent qu'elle ne soit pas pertinente. Car elle suppose d'emblée que l'on réduit l'individu à une caractéristique. Or, que celle-ci soit positive ou non, elle est, par nature, débilitante. Personne ne peut être résumé par un adjectif, soit-il élogieux. Or, si un adulte peut faire la part des choses, il n'en est pas de même pour un enfant. À trop entendre formuler de critiques sur le mode personnel (« tu n'es qu'un menteur », « tu es méchant »...), l'enfant finit par s'identifier à ce qualificatif qui se substitue alors à toutes ses autres caractéristiques. Après tout, si on le lui répète, c'est sans doute vrai, peut-il finir par se dire. Alors, pourquoi changer ? D'autant qu'il ressent également que, quels que soient ses efforts, on ne le verra plus que de cette façon-là.

Cela ne veut pas dire que l'on ne doit pas critiquer ou remettre en question ce qui ne nous convient pas. Il importe simplement de bien spécifier ce que l'on juge, car ce sont le plus souvent le comportement, les propos, les résultats d'une action qui sont contestables ou condamnables, et ce sont eux que l'on veut changer : mordre son voisin de crèche est méchant, taper son frère est inadmissible, dire des mensonges peut nuire à la confiance témoignée par les autres... Mais pour autant, cela ne fait pas de votre enfant un être méchant, un bagarreur invétéré ni un éternel menteur ! Dans ce cas-là, l'adage populaire est particulièrement trompeur : qui vole un œuf ne volera pas nécessairement un bœuf, surtout si votre éducation bienveillante y prend garde !

Adaptez donc les remarques que vous formulez aux comportements et aux attitudes que vous voulez voir changer :

– « C'est très méchant de taper... », « Cela peut faire très mal. »
– « Si tu veux récupérer ton jouet, donne-lui celui-ci (plutôt que de le lui arracher)... »

## LES SITUATIONS STRESSANTES

Nous traversons régulièrement dans notre quotidien des situations qui nous exposent à des tensions favorisant des réactions instinctives, où les mots, bien souvent, dépassent nos pensées et expriment la violence des émotions qui nous saisissent à ce moment.

### Grossièretés et énervements...

... font partie de ces expressions qui fleurissent dans ces conditions et sont évidemment à éviter. Énoncé ainsi, cela semble une évidence, à laquelle nous répondons immédiatement que, bien naturellement, nous ne disons pas de gros mots à nos enfants et qu'au contraire, nous sommes vigilants à leur interdire d'en prononcer. Dans les faits, les jurons et autres expressions vulgaires nous échappent bien plus souvent qu'on ne le croit. Et si l'école reste le lieu de prédilection de l'apprentissage des mots les plus fleuris, l'espace privé de la famille n'est pas en reste.

Un exemple fréquent de ce type de situation se retrouve lorsque nous sommes au volant. Combien de fois avons-nous été confrontés à un mauvais conducteur, nous grillant la priorité ou roulant devant nous à une allure qui nous ralentit ? Et combien de fois, face à cela, nous sommes-nous laissés aller à jurer ou insulter l'automobiliste inconvenant... sous les oreilles et le regard de nos enfants qui n'ont ainsi rien perdu de nos gros mots et vilains gestes !

Bien souvent, lorsque nous entendons nos enfants prononcer des grossièretés, nous avons le réflexe d'incriminer l'école et la cour de récréation où, il est vrai, se fait l'essentiel de l'apprentissage de la vie « de la rue ». Pour autant, force est de constater que le cœur du vocabulaire et des attitudes est appris auprès des parents et des proches, du fait des processus d'imitation à l'œuvre dans le développement des enfants.

Il est donc toujours important d'être vigilant à ce que l'on dit devant eux, même s'ils ne semblent pas prêter attention à nos propos. Il ne leur est pas indispensable en effet d'écouter attentivement pour entendre et retenir les expressions qui sont prononcées en leur présence. Ils les enregistreront d'autant plus qu'elles seront fréquemment utilisées et chargées d'émotion, comme les jurons et autres insultes qui nous échappent sous le coup de la colère, de la fatigue ou de la contrariété.

Je travaillais tranquillement à la bibliothèque, quand soudain des éclats de voix retentirent dans la salle du fond. Une mère et l'agent de l'institution étaient en train de « s'expliquer » bruyamment sur un sujet visiblement brûlant, sous le regard médusé d'un garçon de six ans que le bruit venait d'arracher à sa lecture. La discussion prit fin avec le départ de la mère dans un théâtral : « Puisque c'est comme ça vous pouvez garder vos livres, je ne suis pas près de revenir ! » Et alors que l'enfant était emmené par le bras pour quitter l'espace de lecture, chacun put entendre, murmuré dans un sanglot : « Et mes livres, je n'ai pas terminé ma lecture... »

Il ne s'agit évidemment pas de remettre en question le fait que les adultes peuvent se laisser déborder par certaines situations. Comme il n'est pas non plus question de prétendre devenir un parent parfait, un adulte irréprochable, maître de ses émotions et toujours mesuré dans ses actions. Simplement, autant que possible, évitons de faire subir à nos enfants les conséquences de nos actions, de nos réactions et de nos choix personnels, qu'ils soient justifiés ou non.

Quel sens cela peut-il prendre pour ces enfants qu'on leur répète que l'on prend soin d'eux, que les décisions qu'on leur impose ou que les limites que l'on pose sont dans leur intérêt, si régulièrement leurs besoins sont sacrifiés sur l'autel de nos seules émotions...

Dans la situation précédente, il aurait sans doute été judicieux que la mère de l'enfant et le bibliothécaire s'expliquent après avoir pris soin de fermer la porte (ce qui aurait préservé et la tranquillité de la salle, et la sérénité de l'enfant) et, quelle que soit l'issue de la discussion, de laisser au petit lecteur le temps de terminer son chapitre.

## LES MOTS DE LA COLÈRE

Parfois, c'est l'enfant lui-même qui est la cible de nos ressentiments. Que cela soit justifié par son mauvais comportement ou les conséquences de ce qu'il a effectivement provoqué, certaines de nos réactions peuvent se montrer excessives.

– « Je vais te ramener à l'orphelinat. »
– « Arrête cela tout de suite ou tu iras en pension. »
– « Si tu continues, tu sors de la voiture et je repars sans toi... »
– « Je ne te supporte plus ! »
– « Qu'ai-je fait pour mériter un enfant pareil ! »
– « Je n'en peux plus de toi. »

Ces mots qui nous échappent ne sont bien souvent pas réellement pensés, ou seulement transitoirement et sous l'influence de l'emportement. Ils peuvent cependant être véritablement blessants pour l'enfant, surtout s'ils sont répétés régulièrement. Une plaie que l'on gratte un peu chaque jour ne cicatrise jamais véritablement.

Si vous vous trouvez coutumier·ère du fait, développez l'habitude de ne plus réagir à chaud.

Pour cela, la première étape est d'identifier l'émotion et le moment où elle commence à vous envahir, pour la freiner avant d'être submergé·e. Par essence, une émotion, de quelque nature qu'elle soit, s'impose à nous. Nous la subissons, qu'elle soit désagréable ou agréable. Nous pouvons agir uniquement sur l'expression de ce ressenti et favoriser le rééquilibrage de nos mouvements internes. Mais encore faut-il le vouloir ! Interrogés sur leurs états affectifs élémentaires, lors d'expositions à différentes situations de vie, un panel d'adultes participant à une étude sur les émotions et les comportements confirmait combien cela fait du bien d'évacuer la colère et à quel point c'est apaisant de décharger ses tensions ! En somme, qu'ils préféraient crier, vitupérer, s'énerver et le manifester, plutôt que de prendre sur eux. Certes ! Malheureusement, les enfants sont bien souvent les paratonnerres de ce tsunami libérateur, surtout quand ce besoin naturel de se décharger se confond avec la pertinence de sanctionner. L'adulte hurle alors sur l'enfant avec l'idée qu'il le gronde, quand il ne fait qu'évacuer sa colère. Ne seront retenus au final que les cris ou la fureur, au détriment de la cause, du comportement inadapté ou de la bêtise, ce qui ne contribue en rien à l'enjeu éducatif qui est d'éviter la récidive. En effet, une remontrance efficace est celle qui va permettre à l'enfant de comprendre en quoi il a mal agi, et le conduire à repenser et à adapter son comportement. Il convient pour cela de choisir de « gronder » ses enfants dans les moments où l'on est soi-même le moins possible sous l'emprise de ses émotions. Apprenez à différer le temps des réactions, inévitables, et celui des sanctions, nécessaires à l'éducation.

La respiration, les pensées positives, le temps que l'on se laisse pour faire autre chose avant de revenir gérer la situation contrariante, sont des moyens élémentaires pour parvenir à se rasséréner.

Un élément qui entretient parfois la colère, et favorise ces expressions avec lesquelles on les flagelle, est que chaque déception ressentie, lorsque nos enfants nous mettent hors de nous, nous rappelle consciemment qu'ils ne sont pas exactement comme nous les avions rêvés, et peut-être leur en veut-on aussi pour cela.

Pour contrecarrer ce processus émotionnel, j'ai instauré un petit rituel, une nuit qui venait (enfin) mettre un terme à une journée où mon fils s'était montré particulièrement désagréable, et au cours de laquelle la colère avait quelque peu inondé mes réserves de bienveillance... Cela consiste à passer le revoir dans sa chambre, une fois qu'il s'est endormi. En contemplant ce petit visage d'ange souriant sereinement à son songe silencieux, j'en oublie instantanément le petit monstre bruyant, capricieux, caracolant dans les couloirs, qui sommeille en lui.

Pensez-y et glissez-vous régulièrement, la nuit, dans la chambre de vos petits diables pour vous imprégner de l'expression de leur nature et de ces portraits de petits êtres en devenir, fragiles, inconséquents et forcément imparfaits. Et toutes les fois où vous aurez un doute, attardez votre regard sur ces images mentales pour vous rappeler que derrière celui ou celle qui à cet instant vous en fait voir de toutes les couleurs se tient, plus de la moitié du temps, un petit chérubin.

## L'AMOUR À L'ÉPREUVE DU QUOTIDIEN

Dans un ordre d'idée proche, les études sur les préoccupations inconscientes des enfants révèlent qu'un certain nombre d'entre eux entretiennent des doutes sur la pérennité de l'amour parental, sur le fait qu'être aimé éternellement ne va pas de soi et peut évoluer en fonction d'éléments sur lesquels ils n'ont pas de prise. On retrouve cela notamment chez un aîné, après la naissance d'un·e puîné·e, ou lorsque les adultes réagissent sur un mode qui n'est pas rassurant pour l'enfant.

Mia est la jeune mère d'un garçon de cinq ans qui multiplie les provocations, les colères et les comportements inappropriés. Depuis quelques semaines, par exemple, régulièrement, lorsque sa mère le dépose à l'école, Milo s'accroche à ses jambes, se jette à ses pieds pour l'empêcher de « l'abandonner » ou lui barre la route pour la maintenir dans la classe. Il peut alors devant toute la classe lui crier qu'il la déteste, qu'il ne veut plus la voir, quand, malgré ses tentatives pour la retenir, elle réussit à se détacher et à le confier à l'enseignante. La directrice de l'établissement a par ailleurs dû intervenir plusieurs fois.

Ce que met en lumière notre premier entretien, outre la disparition du père dans la nature quand il a appris que Mia comptait bien mener sa grossesse à terme (même sans lui), est que cette dernière était éperdument amoureuse de ce garçon, pour lequel elle était prête à renoncer à ses études, pourtant brillantes. De fait, la naissance du bébé l'y a finalement contrainte et ce renoncement, associé au vœu inconscient que le fils remplace le père, a sans doute favorisé une certaine rancœur vis-à-vis de ce petit être bien différent de celui dont elle avait rêvé pendant toute sa grossesse (un garçon calme et obéissant) et pour lequel elle a tout sacrifié.

Ces ressentiments n'empêchent bien évidemment pas la mère d'aimer son fils ; pour autant, il est possible que Milo, inconsciemment, les ait perçus davantage que l'amour maternel. D'autant plus que la mère s'est montrée longtemps peu avare d'expressions comme « J'aurais mieux fait de ne pas le garder... » ou « Il n'est pas trop tard pour te placer en orphelinat », qui lui échappaient dans un soupir, dans les moments d'épuisement...

L'inquiétude de décevoir, de ne pas être à la hauteur des attentes maternelles favorise paradoxalement les troubles du comportement. Pour le comprendre on peut résumer ce qui se passe dans la tête de l'enfant par cette formule : « Plus j'en fais et plus j'ai l'assurance que l'on tient à moi, puisque, malgré tout ce que je fais subir, on ne se débarrasse toujours pas de moi ». À cela s'ajoute le besoin d'attirer coûte que coûte l'attention, toujours préférable à l'ignorance. En cela, Mia favorise, involontairement, les crises lorsqu'elle boude ou « fait la tête à son fils ». De même, les propos de Milo, lorsqu'il crie à sa mère son désamour, pourraient être traduits par « je préfère ne plus t'aimer (ou, à tout le moins, te le faire croire) avant que ce soit toi qui ne m'aimes plus... » Comme disait le poète[1] : « Puisque ces mystères me dépassent, feignons d'en être l'organisateur ».

## LES GÉNÉRALITÉS SANS FONDEMENT

D'une façon générale, évitez ces formules toutes faites qui énoncent des lapalissades sans aucune distinction des réalités de l'enfant et de son environnement.

Si vous désirez aider votre enfant à développer son sens critique et ses capacités de réflexion, abstenez-vous d'utiliser excessivement les propositions qui ne prennent pas en compte les particularités que chaque chose, chaque situation, chaque individu ou chaque événement ne manquent, en principe, pas d'avoir.

En voici, dans les paragraphes qui suivent, quelques exemples.

### Les truismes

Nos réserves portent plus précisément sur ces propos, énoncés comme des vérités évidentes et banales, et assénés bien souvent de façon tellement commune qu'ils s'affirment sans explications particulières.

– « Les garçons ne pleurent pas. »

– « Les grandes filles ne se comportent pas comme cela... »

---

1 Jean Cocteau.

On soulignera, si tant est que cela soit nécessaire, le caractère pas très féministe de cette affirmation : si vous dites à votre fils que « les garçons ne pleurent pas », il comprendra que ce n'est pas une chose valorisée que de pleurer, et il retiendra surtout le sous-entendu concernant la différence des sexes, à savoir que les filles peuvent pleurer, et qu'elles en sont, de ce fait, moins « fortes » que les garçons... Au XXIe siècle, ce genre de considération très caricaturale vis-à-vis des genres n'est vraiment plus du tout adapté ! Certes, si c'est à votre fille que cela s'adresse (« les grandes filles ne pleurent pas »), la différence des sexes sera moins prise en compte et c'est plus évidemment sur la notion d'âge que portera la distinction. Ce n'est guère mieux, puisqu'en quelque sorte il est suggéré que pleurer est un comportement de bébé ! Or, il n'y a pas d'âge pour ressentir des émotions et les exprimer. Il est même important de pouvoir le faire. Ce qui peut être remis en question est plus spécifiquement le comportement que l'enfant pourra présenter en fonction de son âge, de son sexe et des caractéristiques qui sont les siennes. Il s'agira donc plutôt de voir si la réaction affective ou comportementale est adaptée ou non à la situation, et acceptable ou non selon le contexte et les règles éducatives et sociales que l'on veut soutenir.

Aussi, préférez des questions qui permettent de comprendre les émotions et aident ainsi à mieux les gérer :

« Tu pleures parce que tu es triste ou parce que tu es énervé·e de... »

« C'est de ne pas avoir ce que tu voulais..., que les choses se passent comme ceci ou pas comme cela..., qui te met dans cet état-là ? »

« Tu es peut-être très en colère... ou très déçu·e, mécontent·e... »

Notez qu'il est possible de citer toutes les émotions qui vous semblent correspondre et de laisser à votre enfant la liberté de choisir celle qu'il ressent plus particulièrement, sans lui imposer votre seule hypothèse.

Par ailleurs, cela ne vous empêche pas, par la suite, d'y associer des remarques sur le comportement que vous voudriez aider à changer :

« (Je comprends ce que tu ressens) mais, pour autant, je ne suis pas d'accord pour que tu tapes... que tu te comportes comme ça... »

### Les fausses croyances (souvent négatives)

D'autres généralités sans fondement peuvent échapper aux adultes, celles qui portent sur l'existence :

– « Ça finit toujours mal, ces histoires... »
– « La vie est dure. »
– « Profites-en, ça ne va pas durer. »

Sans s'en rendre compte, de temps à autre, par lassitude, en rentrant du travail, par réflexe, en regardant un reportage sur une situation compliquée ou en apprenant une mauvaise nouvelle, parfois aussi parce qu'on en est soi-même convaincu, on peut se laisser aller devant les enfants à des considérations pessimistes sur l'existence, le monde ou l'avenir. Vous êtes, bien sûr, libre de penser ce que vous voulez, d'autant que le destin ne vous a peut-être, c'est possible, pas fait de cadeau. Mais cela ne vous empêche pas de laisser à votre petit, pendant quelque temps encore, sa naïveté d'enfant, et surtout la possibilité de faire ses propres expériences.

Je pense souvent à cette phrase de Marcel Pagnol, qui conclut *Le Château de ma mère* : « Telle est la vie des hommes. Quelques joies, très vite effacées par d'inoubliables chagrins. Il n'est pas nécessaire de le dire aux enfants. »

C'est exactement cela : il n'est pas nécessaire de le dire aux enfants.

Ce genre d'expressions répétées peut favoriser le développement d'une personnalité craintive, voire inhibée et peu encline à faire des expériences, car cela revient à prendre le risque de s'exposer, ou de se tromper.

Ambre est une enfant très douée. Testée sur une intuition de la psychologue scolaire, il s'avère qu'elle entre dans la catégorie des enfants à haut potentiel intellectuel. Pourtant à l'école ses résultats – en dehors des mathématiques – sont très moyens, voire pour certains (notamment les matières littéraires) nettement en dessous de la moyenne. La thérapie dont elle bénéficie met en évidence une grande fragilité narcissique et une anxiété de performance majeure. Ce syndrome correspond à une angoisse de ne pas réussir si importante qu'elle empêche toute action, toute réflexion. C'est elle qui est en partie responsable des mauvaises notes d'Ambre en français, car elle n'est jamais sûre d'avoir la bonne réponse. Alors elle hésite, recommence, rature, et bien souvent répond à côté de la question... Cela affecte essentiellement cette matière, car, à la différence des mathématiques où les concepts sont invariants (2 + 2 égalera toujours 4), c'est une discipline riche d'innombrables dérogations comme en grammaire ou en orthographe où les exceptions à la règle sont fréquentes et où les réponses ne sont pas toujours univoques. En fait, tout ce qui n'est pas prévisible l'inquiète et la pousse à limiter ses choix à ce qu'elle maîtrise, ou à ce dont elle peut facilement deviner l'issue. Pour l'aider à dépasser cela, quelques entretiens sont proposés avec les parents pour les aider à gérer leurs propres angoisses, en parallèle des séances avec Ambre où celle-ci développe alors la capacité à accepter l'imprévisible.

Il en va de même, bien sûr, des a priori négatifs :

– « Ne te marie jamais ! »
– « Surtout ne fais jamais d'enfant ! »

Nous ne proposons pas de phrases de remplacement, car, par nature ou principe, les intentions portées par ce type de préconisations vont vraiment à l'encontre d'une éducation que l'on voudrait ouverte, bienveillante et stimulante pour l'enfant. En effet, gardons toujours en tête qu'il revient à ce dernier, et à lui seul, une fois devenu adulte, de faire les choix qui lui conviennent. Même si nos propres expériences pourraient nous avoir convaincus de tel ou tel principe que nous prenons alors pour des vérités, laissons-lui la liberté de ses propres aventures. Il nous appartient, bien sûr, de lui en transmettre ce que nous avons appris, associé aux valeurs que nous soutenons et qui nous semblent fondamentales, mais pour lui laisser la possibilité de n'en garder que ce qui lui convient, quel qu'en soit l'enjeu, et que cela porte sur sa vie familiale, amoureuse, professionnelle ou encore sociale...

## L'ART DU COMPLIMENT

Nous ne passons pas, bien évidemment, notre temps uniquement à faire des reproches à nos enfants ! L'affection que nous leur portons nous pousse aussi à formuler des réflexions positives à leur égard, qu'il s'agisse de simples compliments « désintéressés » ou d'encouragements, avec l'intention de les motiver ou de soutenir leurs efforts.

Certains de ces compliments tout faits dont nous pouvons gratifier nos petits protégés peuvent cependant entrer dans la catégorie des généralités à éviter. Certes, en eux-mêmes ils ne sont pas pernicieux, et il est important de ne jamais hésiter à louer les enfants pour tout ce que l'on apprécie chez eux. Mais tant qu'à faire, autant que les compliments soient pertinents et qu'ils aient des vertus éducatives, comme la faculté de stimuler les enfants dans leurs actions et leurs choix de comportement.

Voici quelques exemples de compliments à nuancer :

– « Quel beau dessin ! »
– « Quel enfant sage ! »
– « Comme tu es joli(e) ! »

Ce sont en effet des remarques générales. Elles sont sans nul doute agréables, mais pourraient tout aussi bien s'appliquer à n'importe quel enfant et le vôtre le sent bien. Aussi, il peut penser que vous le lui dites simplement parce que vous l'aimez, sans pour autant le penser, ou même, pour peu que vous utilisiez les mêmes expressions pour certains autres de vos proches, que ce n'est pas ce qui le distingue à vos yeux.

Concernant ces compliments particuliers, ceux que l'on se sent obligé de prononcer alors qu'on ne les pense pas, nous pourrions les classer dans cette catégorie :

**Les complimensonges**

– « Comme cette robe te va bien ! » (Alors qu'on trouve la fillette boudinée.)
– « Quel beau dessin ! » (Alors qu'on ne considère cela que comme des gribouillages.)

Les choses que l'on ne pense pas ne sont pas énoncées avec la même spontanéité que celles qui sont ressenties. Ces nuances, si elles ne sont pas perceptibles à l'oreille, le sont dès lors que l'absence de sincérité crée en nous un inconfort. Nous avons tous à cœur de faire plaisir, ou, à tout le moins, d'éviter de vexer inutilement. Cependant, est-ce que nos proches ne comptent pas sur nous pour faire preuve de transparence ? Adultes comme enfants, et qu'ils soient d'encouragement ou de prudence, n'attendons-nous pas des conseils sincères de la part de ceux en qui nous plaçons notre confiance ?

Aussi, ne renoncez pas à dire ce que vous pensez, en y mettant les formes. Dissociez les caractéristiques de l'individu (ses qualités) et ce sur quoi porte votre remarque :

- « JE trouve que ce vêtement ne met pas ta silhouette en valeur. »
- « Il me semble que dessiner les visages n'est pas ce que tu réussis le mieux… »
- « Qu'as-tu voulu représenter ? »

Il vous sera possible d'ajouter alors le conseil qui vous semblera le plus adapté, ou l'encouragement à persévérer ou à s'améliorer, selon le domaine concerné.

Pour conclure sur ce sujet, on peut préciser que pour qu'elle atteigne son but, il ne suffit pas que la louange soit sincère et chaleureuse, il importe aussi qu'elle ne soit pas perçue comme une flatterie ou, pire, une banalité.

Par conséquent, il sera toujours préférable de complimenter un élément précis, une caractéristique spécifique, une action remarquable.

Plutôt que : « Tu es courageux », préférez :

– « Tu as fait preuve de courage en défendant ton petit frère. »
– « Tu es gentil » sera remplacé par :
– « Je trouve très généreux que tu aies offert ton jouet préféré à ton amie pour la consoler… »

Vous pouvez même utiliser des expressions plus indirectes, comme des remerciements ou des marques de reconnaissance :

– « Merci de m'avoir aidée à faire ceci, ou cela… »
– « J'apprécie vraiment que tu aies fait un dessin à Mamie pour son anniversaire. »

Le fait que nous soyons précis en félicitant l'enfant le stimulera davantage. « Quel beau dessin » fera certes plaisir à entendre, mais n'aura pas d'influence particulière, à la différence de :

– « J'aime beaucoup les couleurs que tu as utilisées. »
– « Quelle bonne idée d'avoir représenté ceci, d'avoir utilisé cela pour dessiner cette histoire-là… »
– « C'est bien observé que d'avoir dessiné cinq griffes aux pattes de ton chat ! »
– « Ce bonhomme fait vraiment rire avec cette grimace »…

Ces expressions soulignent les initiatives de l'enfant et l'encouragent à en prendre d'autres. Ainsi, il n'a pas seulement l'impression qu'on lui dit cela parce qu'on l'aime, il comprend que l'on est vraiment attentif à ce qu'il réalise et prend conscience que ses choix sont judicieux ; il sera d'autant plus tenté de les reproduire. Il se sent ainsi vraiment regardé et reconnu, et cela contribue à l'approfondissement de son sens de la responsabilité, comme de sa confiance en lui.

– « Tu as bien écouté la maîtresse, je suis très fier de toi. »
– « Bravo, tu as respecté la consigne que je t'avais donnée. »
– « Tu as su te taire pendant tout le spectacle… »
– « Comme tu t'es bien coiffée ! »
– « Ce polo te va vraiment bien »…

Cependant, l'expérience auprès d'enfants encourage également à limiter les louanges excessives ou les superlatifs :

– « Quel dessin merveilleux ! »
– « Tu es le plus beau, la plus belle, la plus intelligente… »

Les excès de compliments ont vite fait de perdre leur crédibilité lorsqu'ils sont répétés à tout bout de champ ou portés par des superlatifs. D'autant qu'il n'est pas impossible qu'ils soient invalidés quelque temps après, lorsque, sous l'influence d'une situation où votre enfant vous contrarie, vous ne résistez pas à lui reprocher ses défauts ou ce qu'il ne fait pas aussi bien que vous le voudriez.

De même, valoriser l'enfant de façon systématique pour ce qu'il est ou supposé être (sa nature), plutôt que pour ce qu'il fait (ses actions), peut bien souvent favoriser un effet contraire à celui attendu.

– « Tu es vraiment fort. »
– « Comme tu es doué ! »
– « Tu es tellement intelligent ! »

Ces phrases qui décrivent des caractéristiques mentales ou physiques supposées gagneraient à être formulées plutôt sous l'angle de ce qu'elles permettent de réaliser :

– « C'est un exploit de courir aussi vite à ton âge. »
– « Comment, tu as résolu toutes tes équations en si peu de temps ? ! »
– « Tu as déjà terminé tous tes devoirs… »

L'histoire suivante illustre bien les risques parfois encourus.

Colin a dix ans quand il consulte pour la première fois. Il est en sixième (avec un an d'avance) et rencontre des difficultés de plus en plus sérieuses à se rendre en cours. De retour des vacances de Noël, il a présenté à deux reprises des douleurs digestives l'empêchant de retourner au collège. Tous les bilans réalisés confirment l'absence de maladie particulière, laissant évoquer plutôt un trouble anxieux, aux allures de phobie scolaire.

Les années de primaire se sont pourtant déroulées sans encombre. Gratifié d'excellents résultats scolaires, Colin s'est toujours contenté de ne réaliser que les devoirs demandés, sans jamais réviser. Encouragé par des notes brillantes et les commentaires invariablement élogieux des enseignants, il s'est toujours satisfait d'en faire le minimum, préférant consacrer son temps à la lecture de romans. Ainsi a-t-il entamé ses premiers mois de collège sur le même mode de fonctionnement. Cependant, dès que sont apparues les premières difficultés, des notions plus subtiles à comprendre et des textes plus longs à apprendre, ses résultats ont chuté en flèche.

Les tests de QI (quotient intellectuel) réalisés dans le cadre du bilan de prise en charge mettent en évidence, sans grande surprise, des valeurs bien au-dessus de celles que l'on peut attendre d'un enfant de cet âge, scolarisé dans des conditions équivalentes. Les parents sont eux-mêmes peu étonnés : « Nous nous doutions bien que notre fils était doué, confirme le père. Et je n'ai jamais manqué de le lui dire ! » De fait, tout au long de son enfance, Colin a continuellement été « encouragé » par des « Tu es vraiment intelligent », voire des « Je pense qu'il est surdoué » ou des « Tu es le meilleur » prononcés régulièrement par l'entourage. Colin s'est ainsi laissé porter par ses facilités sans jamais vraiment s'investir dans ses apprentissages scolaires. Cela ne lui a pas permis de déployer ses compétences cognitives naturelles (mémorisation, capacités de raisonnement, fonctions logiques...) ni surtout d'élaborer des méthodes de travail. Les enseignements du secondaire se révèlent être une autre paire de manches, le laissant désemparé au point d'être sidéré face aux devoirs demandés et d'en être venu à penser qu'il n'est plus capable d'aller en cours. Le refus scolaire anxieux, ou phobie scolaire, que l'on observe avec son cortège de manifestations somatiques et d'attaques de panique, s'est ensuite progressivement déployé à partir de l'anxiété profonde que provoque la dichotomie entre le sentiment initial de toute-puissance (ou de supériorité) et la conviction d'être devenu complètement idiot. Même la plus belle des forteresses ne résiste pas à la première tempête si elle est construite sur du sable.

Au-delà de ses qualités objectives, ne complimenter un enfant que sur ce qu'il est, plutôt que sur ce qu'il réalise, laisse entendre que la performance ou la réussite sont liées uniquement à une qualité innée. L'enfant qui accomplit bien sa tâche ne conçoit pas alors son succès comme le fruit de son ouvrage, mais comme découlant d'un don. Or cela ne favorise pas le développement de sa volonté de mobiliser ses ressources personnelles, intellectuelles comme physiques, pour réaliser ce que l'on attend de lui. En effet, pour lui, cela revient à se dire : « Je suis doué – fort, beau, intelligent... – c'est comme cela, et je n'ai donc rien à faire pour réussir ».

Mais lorsque l'échec survient, que l'enfant ne réussit pas d'emblée, ou simplement qu'il lui faut faire appel à des ressources qu'il avait jusque-là laissées en jachère, il risque de se dire : « Je suis nul ou je suis devenu mauvais », et donc, « pas la peine que j'insiste... ».

Rappelons, à toutes fins utiles, que l'erreur, l'essai qui n'est pas validé, l'exercice que l'on ne réussit pas du premier coup, font partie de l'apprentissage, et que l'on retient mieux lorsque l'on réitère les expériences plutôt que lorsqu'on y parvient du premier coup, a fortiori si c'est par chance !

Par conséquent, on privilégiera plutôt des phrases valorisant les efforts, quels que soient les résultats, et encourageant l'enfant à recommencer et à persévérer lorsqu'il échoue.

**Les expressions à privilégier**

Ce sont celles qui traduisent l'intérêt que vous portez aux productions de votre enfant, et stimulent son imagination et son envie d'aller plus loin.

Par exemple, concernant tout ce que les enfants peuvent réaliser, dessins, « sculptures », pâte à sel et autres œuvres d'art dont ils nous gratifient ou qu'ils nous rapportent de l'école, il est souvent intéressant, plutôt que de se contenter d'un « c'est joli » peu convaincu, de lui demander de décrire son dessin et de commenter par « Ah, c'est intéressant », « Que raconte ton dessin ? » ou « Que fait ce bonhomme là ?... »

N'hésitez pas non plus à l'inciter à améliorer sa création :

– « Il ne lui manque pas quelque chose, à ce bonhomme ?... Si on lui ajoutait ceci ou cela... Par où entre-t-on dans cette maison ?... »

Car tous les enfants ne sont pas des génies, et il est aussi important de les soutenir, même s'ils ne réussissent pas toujours. Voici d'autres exemples de phrases à privilégier :

« – Bravo, tu as bien étudié... »

– « Les résultats ne sont pas ceux que l'on attendait, mais avais-tu suffisamment revu ta leçon ? »

– « Les notes sont à la hauteur des devoirs réalisés, de tes révisions... »

Notez que cela s'applique aussi bien aux excellents résultats qu'aux moins bons, comme cette formule :

– « Ce résultat, tu ne le dois qu'à toi-même... »

Les remarques peuvent également être plus ouvertes :

– « Tu as vu ton carnet. Qu'en penses-tu ? »

– « Es-tu satisfait des efforts que tu as fournis ? »

Car l'objectif de tous ces propos n'est pas (uniquement) que l'enfant s'améliore pour faire plaisir à ses parents ou pour se sentir gratifié, mais davantage pour qu'il trouve en lui les facteurs de motivation pour progresser et qu'il soit satisfait de lui en évoluant dans sa vie. Ils agissent en somme comme des facteurs externes de renforcement de l'estime de soi (externes, car venant de l'environnement – parents, amis, enseignants...), sur lesquels l'enfant va s'appuyer pour développer ses renforcements internes d'estime et d'affirmation de soi, afin d'agir de plus en plus en fonction de ses propres ressentis (plaisir d'évaluer sa mémoire, ses capacités de réflexion, sentiment grisant de se sentir intelligent, satisfaction de réussir comme lorsqu'il remporte une victoire...) et moins selon les avis extérieurs et les attentes de l'autre.

Les enfants, cependant, ne s'attirent pas que des compliments. Il est, bien sûr, indispensable de leur signifier qu'un comportement est inadapté, de leur dire qu'on voudrait mettre un terme à une situation, qu'une attitude nous insupporte, ou même de leur expliquer ce que l'on n'apprécie pas chez eux ou que l'on aimerait qu'ils·elles modifient.

Certaines de ces critiques entrent complètement dans la catégorie des généralités excessives :

– « Les études ne sont pas faites pour toi ! »
– « Tu ne comprendras jamais rien aux mathématiques. »
– « Tu n'es vraiment pas doué·e pour le sport/le dessin... »

Il est préférable de les éviter, car même si elles s'appuient sur ce que l'on constate à un moment ou dans une situation donnée et dans certains domaines, il est rare que cela porte sur l'ensemble des compétences et pour la vie entière... Un enfant qui se retrouve en difficulté sur un chapitre d'algèbre peut très bien se révéler très doué en géométrie ou dans un domaine qui l'intéresse davantage. De même, concernant les sports ou toute autre activité artistique, qu'est-ce qui est le plus important : qu'il·elle soit doué·e et réalise des prouesses, ou qu'il·elle apprécie ce qu'il·elle fait et y trouve du plaisir et matière à un épanouissement personnel ? J'ai le souvenir de Lino, un adolescent qui consultait pour un syndrome dépressif. Parmi les différents facteurs ayant creusé le lit de ses symptômes, avait été mis en évidence l'arrêt de son sport préféré. Lino n'était vraiment pas doué au handball. Il participait assidûment aux entraînements et ne manquait jamais un match, même s'il les passait le plus souvent sur les bancs de touche. Car il aimait vraiment jouer, courir et se dépenser sur le terrain et retrouver ses camarades, qui en retour appréciaient son humour et son fair-play. D'autant que Lino, ne s'offusquant pas de rester sur la touche le jour des compétitions, ne leur avait jamais fait perdre de match ! Pour autant, au prétexte qu'il n'était « vraiment pas doué pour ce sport », son père avait préféré ne pas l'inscrire à son entrée au lycée, pour privilégier la musique et des cours particuliers.

## MIEUX FORMULER LES CRITIQUES POUR ÊTRE MIEUX ÉCOUTÉ PAR SON ENFANT

Les remarques que nous faisons à nos enfants n'ont pas pour fonction de les mortifier. Soyez-en convaincu·e, elles ne seront pas plus efficaces si elles se montrent blessantes.

Bien des adultes pensent, à tort, qu'une remarque cinglante, parce que l'on s'en souviendra davantage, aura plus d'effet. C'est une erreur : toute parole n'a d'intérêt que si elle est écoutée. Puis, parce qu'elle est comprise et acceptée, elle va permettre la remise en question nécessaire pour évoluer et faire le choix de comportements plus adaptés.

C'est la première étape pour que l'enfant se responsabilise et élabore des solutions qui lui permettront de changer.

Si nous voulons formuler une critique constructive, il est important que l'enfant ne se sente pas d'emblée dénigré, ou jugé négativement pour ce qu'il est. Au risque, si c'est le cas, qu'il se bloque, se vexe et n'écoute plus aucune de nos recommandations. Il est possible pour cela de ne commenter que la situation, les propos ou les actes : ce que l'on critique alors, c'est ce qu'il a dit, ce qu'il a fait (ou n'a pas fait), éventuellement les conséquences qui en découlent, et non l'enfant lui-même.

– « C'est une très mauvaise idée de mentir, plus personne ne va te croire... »

– « C'est dangereux de pousser, taper, Pierre aurait pu se faire très mal... »

## LES DÉDRAMATISATIONS DRAMATIQUES

Bien souvent, pour consoler nos proches ou les rassurer, nous avons recours à des expressions, souvent toutes faites, qui, même si elles se veulent sincères, peuvent passer à côté de leur objectif :

– « Ce n'est pas grave. »
– « Tu t'y feras… »
– « Un·e de perdu·e… dix de retrouvé·e·s. »

Je me souviens de cette situation :

……………………………………………………………………

Après quelques mois de suivi en psychothérapie, les symptômes de Léo, onze ans, s'étaient bien amendés, et nous envisagions d'un commun accord de suspendre la thérapie. Son père demanda alors à me parler. Tout semblait aller mieux et pourtant, depuis quelques jours, bien qu'ils aient été jusque-là très complices, son fils semblait s'être un peu éloigné de lui. «On se disait tout, et avec la disparition des symptômes, les échanges étaient devenus encore plus simples. Et, du jour au lendemain, plus rien! À peine quelques réponses, plutôt lapidaires, aux demandes que je lui adresse. Ce ne serait quand même pas l'adolescence qui démarre?»

En fait, il n'y avait rien de cet ordre. Léo allait effectivement bien et le suivi pouvait s'arrêter. Il ne s'agissait que d'une contrariété passagère dont le préadolescent me confia, au cours d'un dernier rendez-vous, la cause sous-jacente :

«Je me suis pris la tête avec mon meilleur ami, et je pensais qu'on serait fâchés à vie. Quand j'en ai parlé à papa, sa réponse m'a vraiment déçu : «T'inquiète! a-t-il dit. Tu t'en feras d'autres, des copains; un de perdu, dix de retrouvés!»

Je sais qu'il voulait me rassurer et qu'il pensait sympa de me dire ça, mais un pote comme Thibaud, il en existe qu'un. Et s'il ne comprend pas ça... »

**Le fameux «bon courage»**

Voilà une autre illustration de ce type de formule fréquemment utilisée, alors qu'elle est lourde d'un double sens. Qu'elle soit prononcée avec le réel désir d'encourager ou juste de manière un peu automatique, en guise de « au revoir », par exemple, comme lorsque l'on abandonne son fils ou sa fille sur le pas de l'école, cette petite phrase laisse entendre qu'il va justement en falloir, « du courage » ! Autrement dit, elle suggère que la situation est dangereuse, que l'exercice peut s'avérer difficile, ou qu'en tout cas il faudra sans doute faire preuve de volonté ou de force de caractère.

Nous pourrons associer à cette catégorie d'expressions toutes celles qui, formulées sur le mode négatif, ne mettent pas moins en valeur des attitudes dommageables :

– « Ne t'inquiète pas ! »
– « N'aie pas peur... »
– « Ce n'est pas si mal. »

À chaque fois est suggérée, de façon subliminale, l'idée qu'il y aurait matière à s'angoisser ou que les choses pourraient mieux se passer.

On leur préférera donc, à l'inverse, des phrases plus neutres, ne laissant pas la place à des interprétations – inconsciemment – pernicieuses, et qui constituent ainsi de vrais encouragements :

– « Je suis de tout cœur avec toi. »
– « Je suis là, à tes côtés. »

Ou, lorsqu'il y a un risque avéré (qu'il ne s'agit pas non plus d'ignorer, sous peine de ne pas être crédible ou de passer pour quelqu'un d'inconséquent) :
– « Nous allons tout faire pour que cela se passe au mieux... »

Cela peut être le cas, face à la maladie, par exemple, lorsqu'on la sait grave, voire incurable. L'enfant perçoit notre désarroi, et les mensonges ou les propos auxquels nous ne croyons pas nous-mêmes sont parfois plus douloureux que le silence lui-même.

Plutôt que :

– « Tout ira bien... »
– « On va s'en tirer... »

... préférez des expressions comme :

– « Les médecins vont tout faire pour te guérir. »
– « Tu es entre de bonnes mains, ce sont les meilleurs experts dans le domaine... »

– « Nous allons nous battre sans relâche. »
– « Les progrès dans tel ou tel domaine (si c'est le cas) sont en notre faveur… »

Elles ne sont pas dénuées d'espoir, et permettent pour autant de demeurer honnête avec ceux que l'on aime.

À noter que des formules qui mentionnent l'adulte, l'enfant ou nomment plus spécifiquement un ou plusieurs acteurs, en comparaison de celles qui utilisent le pronom impersonnel « on » ou des sujets non identifiés, sont également plus solides. Car, comme elles ont le mérite d'associer à l'enfant un (ou plusieurs) intervenant(s), il se sentira d'autant plus soutenu qu'il n'aura pas l'impression d'être seul.

Par ailleurs, « ça va bien se passer » présage d'un déroulement que l'on pourrait deviner à l'avance. Jusqu'à cinq ou six ans, garçons et filles peuvent avoir tendance à se raccrocher à ce mode de pensée que l'on nomme la « pensée magique », dans lequel les enfants (cela persiste cependant pour certains adultes également) restent persuadés que la force de leur volonté, de leurs désirs, ou l'intensité de leurs pensées peuvent, volontairement ou non, influencer le cours des choses. Une phrase comme « NOUS allons tout faire pour que cela se passe bien » est à ce titre plus proche d'une réalité sur laquelle il est plus ou moins réellement possible d'agir.

## LES COMPARAISONS

Comparaison n'est pas raison, dit le proverbe. Pourtant, il semble que ce soit une habitude très ancrée chez l'être humain, lorsqu'il s'agit de donner un avis ou d'évaluer un élément, que de le comparer à un autre que l'on prend en référence.

J'adore les Beatles, ils ont toujours été plus cool que les Rolling Stones !

Les plages du Nord sont tellement plus sympas que celles de la Côte d'Azur, et tellement moins bondées...

Les exemples ne manquent pas, alors que l'on pourrait se contenter de dire ce que l'on aime ou non, sans forcément établir des parallèles pour se justifier.

Dans notre quotidien familial, nous n'échappons pas à cette tendance. Et bien souvent nos enfants font les frais de ces comparaisons :

– « Tu es le·la plus grand·e, tu devrais montrer l'exemple ! »

C'est une rengaine fréquente au sein des fratries.

Si elle semble a priori logique, il suffit de la décaler dans le temps pour dénoncer toute son absurdité : imaginez, d'une part, une fratrie dans laquelle l'aîné·e aurait quatre ans et le cadet deux, et, d'autre part, un frère et une sœur adultes de quarante-quatre et quarante-deux ans. Serait-il justifié d'imaginer qu'un adulte est plus responsable de l'exemple à donner qu'un autre adulte, en raison d'une différence d'âge de deux ans ? Et peut-on affirmer qu'il est possible de confier à un enfant de quatre ans des responsabilités bien supérieures à celles confiées à un petit de deux ans ? D'une façon générale, seuls les parents sont responsables des enfants, et c'est d'eux que l'exemple doit émaner.

Indépendamment de la question de la responsabilité de l'aîné·e, il nous arrive également d'avoir parfois l'impression que le fils du voisin ou la fille de notre meilleure amie sont bien plus « sages » que le nôtre. Aussi, certains parents peuvent avoir la tentation de demander à leur enfant de prendre exemple sur cet entourage si bien élevé.

- « Tu pourrais prendre exemple sur... » (ton frère, la voisine)
- « Pourquoi es-tu adorable chez les autres alors que tu es insupportable à la maison ? »

Cependant, lorsqu'il s'agit du développement de sa personnalité, l'imitation ne fonctionne que lorsqu'elle prend naissance dans le désir d'identification propre de l'enfant, qui ne choisit pas nécessairement les modèles que l'on préférerait pour lui. Concernant l'éducation, l'imitation n'a de vertu que lorsque les figures référentielles correspondent à des adultes aux fonctions parentales (papa ou maman, mais également oncle ou marraine, animateur ou enseignante...).

Par ailleurs, cela permet de relativiser : rappelez-vous, la fille de votre meilleure amie, que vous trouvez si sage lorsqu'elle vous rend visite, retrouve peut-être sa vraie nature de peste en rentrant à la maison !

Les comparaisons, cependant, sont le plus souvent faites entre les membres d'une même fratrie, ce qui potentialise des effets opposés à ceux attendus : plus on tentera de les rapprocher, plus les enfants chercheront à se distinguer.

- « Regarde ta petite sœur, comme elle est sage, ne pourrais-tu pas prendre exemple sur elle ? »

Or, il est facile de comprendre que le grand frère (et cela serait tout aussi valable pour une grande sœur) n'a aucune envie de lui ressembler. Car reprendre à son compte des comportements repérés comme propres à sa sœur reviendrait à régresser en âge (puisque c'est sa petite sœur), ou pire (dans l'esprit d'un garçon de l'âge de raison), adopter des conduites féminines. Lorsque l'association est faite et répétée, entre une caractéristique et un individu, il est fréquent que l'enfant en fasse l'amalgame. Et selon la perception qu'il retient de cette caractéristique (féminine ou masculine, forte ou faible, bonne ou mauvaise, valorisante ou dégradante...), il pourra y adhérer ou au contraire s'en détourner ou s'y opposer.

Il est intéressant de noter que ce mécanisme s'applique également aux goûts personnels : lorsque Bruce a réalisé, suite aux commentaires de certains de ses camarades de classe, que *La Reine des Neiges*, qu'il adorait avant d'entrer à l'école, était un dessin animé « de filles », il s'est mis à le détester, tout comme les poupées avec lesquelles il jouait parfois et qui ont toutes fini à la poubelle ! Pour lui permettre de continuer à multiplier ses centres d'intérêt et ses sources de plaisir, il a par la suite été important de lui faire admettre que les jeux, les couleurs, les histoires, etc. n'avaient pas de « genre » particulier ; que chacun, fille ou garçon, pouvait en bénéficier ; et que, de toute façon, s'y intéresser ne transformerait pas ce que l'on est profondément, pas plus que l'on ne devient Schtroumpf si l'on s'habille en bleu !

Pour les parents de fratrie qui ont du mal à renoncer à

cette notion de comparaison et ne peuvent s'empêcher d'y recourir, certaines expressions sont peut-être à préférer :

– « Tu pourrais montrer l'exemple »...

...est la version en miroir de l'expression précédente, qui consistait à le comparer à un autre enfant. Or, si elle sous-entend la même chose (« ton comportement ne me plaît pas, il faudrait que tu le modifies »), elle laisse plus de libre arbitre à l'enfant puisqu'elle suggère que c'est en son pouvoir de le faire et n'établit pas de hiérarchie qui pourrait lui suggérer l'idée qu'il y a des préférences au sein de la fratrie.

Pierre et Louis sont jumeaux monozygotes, c'est-à-dire issus d'un même ovule fécondé par un seul spermatozoïde, mais qui s'est secondairement divisé en deux œufs distincts. À leur naissance, les deux enfants semblaient identiques en tous points. Pourtant, très vite sont apparues de légères différences de comportement et de caractère. Suite à une infection grave ayant nécessité une hospitalisation de plusieurs semaines, Pierre est devenu plus « difficile » pour les tétées, multipliant les réveils nocturnes. Les différences n'ont fait que s'accentuer par la suite, vécues par les parents comme la marque d'un « caractère dur » de la part de ce fils, d'autant moins compréhensible (et acceptable) que son frère n'en paraissait que plus doux et adorable... Le contraste s'est renforcé avec la scolarité : Pierre se montre bagarreur, peu investi dans les apprentissages scolaires, quand Louis s'avère être un excellent élève, bien qu'un peu rêveur, inhibé et solitaire.

Chaque histoire gémellaire est unique et les relations entre jumeaux vont de la plus fusionnelle à la plus opposée ; dans le cas de Pierre et Louis, il semble que Pierre ait ressenti très tôt le besoin de se distinguer de son frère, indépendamment d'une relation fraternelle par ailleurs plutôt symbiotique. En effet, chacun trouve en l'autre les ressources protectrices qu'il n'a pas : Pierre est toujours là pour pourfendre les garçons qui dans la cour de récréation pourraient importuner son frère, que sa nature paisible expose parfois aux plus bagarreurs, alors que Louis ne perd jamais une occasion de défendre son frère des accusations dont il peut faire l'objet, notamment de la part de leurs parents, n'hésitant pas parfois à s'accuser à tort...

Pour exister, il semble que Pierre ait besoin de prendre le contrepied de ce que son entourage lui présente comme une qualité, trop identifiée cependant à son frère. Il est probable que la confrontation précoce à la séparation d'avec sa mère (lors de l'hospitalisation en pédiatrie, où, confiné en chambre d'isolement pour limiter les risques d'infection, il n'avait de contact avec elle qu'à travers des filtres de protection aseptisés) ait joué un rôle déclencheur et qu'il ait suite à cela développé un sentiment d'insécurité le poussant à s'affirmer par les moyens les plus bruyants qui soient. Or, plus on a cherché à le faire « ressembler » (sur le plan du caractère) à son frère, plus on a renforcé ce mécanisme de protection identitaire. Ne pouvant pas se distinguer physiquement (du fait de leur ressemblance gémellaire), il lui a fallu se distinguer par le « physique » : d'où sa préférence pour les jeux violents, la prise de risque, l'opposition...

D'une façon générale, gardez en tête que l'excès de comparaison crée un climat de compétition favorisant l'idée qu'il y a forcément un gagnant (celui qui se « conduit bien ») qui mérite (davantage) l'amour de ses parents, et un perdant...

De plus, la bonne conduite doit se définir par une règle objective, impartiale, et non en fonction d'un individu dont les actions, soient-elles exemplaires, n'en restent pas moins subjectives. Car le risque serait de favoriser une interprétation dévoyée de cette conception, où la subjectivité l'emporterait, aboutissant au principe que chacun peut se conduire comme il l'entend vu qu'il sera toujours possible de trouver quelqu'un dont le comportement sera plus critiquable.

Nous ne pourrions conclure ce chapitre sans évoquer un groupe d'injonctions qui peuvent également parasiter la bonne communication au sein de la famille.

## LES INJONCTIONS CONTRAIGNANTES

Nombre des expressions que nous mettons en question dans cet ouvrage entrent dans cette catégorie : elles correspondent à ces messages parentaux que nous distillons régulièrement sans bien souvent prendre conscience de leur caractère perturbant. En effet, elles influencent inconsciemment, à force d'être répétées, le développement affectif de nos enfants et conditionnent un peu leurs comportements. Nous les avons ainsi regroupées pour mieux en comprendre le fonctionnement, mais les propositions alternatives se retrouveront tout au long des chapitres qui constituent cet ouvrage.

- « Mange ta soupe pour me faire plaisir ! »
- « Sois fort·e, tu en verras d'autres… »
- « Enfin, c'est pas compliqué, tu pourrais faire des efforts. »
- « Dépêche-toi, j'en ai assez de t'attendre. »
- « Bravo, mais j'attendais mieux de toi » ou encore « Tu peux mieux faire », qui signifient en fait : « Sois parfait·e ».

Ces cinq types d'injonctions prennent la forme de recommandations impérieuses que l'enfant perçoit comme des objectifs à atteindre ou des ordres à suivre, ce qui est nécessaire s'il veut être conforme à ce que le parent attend de lui, afin d'être ainsi « aimable ».

Occupant parfois une place centrale, ces messages constituent des thèmes récurrents dans l'éducation, ce qui en fait de véritables fils conducteurs éducatifs (« *drivers* » en anglais). Ils ne sont pas dénués de valeur éducative, puisqu'ils sont destinés, en tout cas dans leurs intentions, à mobiliser des caractéristiques positives ou des qualités humaines. Mais assénés de façon rigide et répétée, ils peuvent devenir délétères en limitant l'enfant dans ses propres choix, en restreignant sa liberté personnelle et en limitant l'expression de sa propre personnalité.

**Faire plaisir**

Les expressions qui sous-entendent cette injonction :

– « Tu me fais de la peine. »
– « Ne sois pas égoïste. »
– « Pense un peu à moi, aux autres... »
– « Sois gentille, tu vois bien que je suis fatiguée. »

Le mérite de ces messages est de stimuler l'empathie de l'enfant et son sens altruiste, mais également son désir de plaire. Aussi, et c'est le risque, assénés de la sorte et répétés en permanence, ils peuvent façonner des individus dont la crainte sera de décevoir et qui en réaction se laisseront influencer par les autres au détriment de leurs propres besoins. Soucieux de toujours faire plaisir, ils auront du mal à dire non et seront plus influençables.

Il est pour cela toujours nécessaire de favoriser le développement, pour chaque enfant, de sa conscience de lui-même :

– l'aider à être attentif à ses besoins physiologiques (« As-tu encore faim ? » « Si tu es rassasié, tu n'as pas besoin de finir ton assiette ») ;
– lui laisser une place dans les choix qui ne concernent que lui (« Cette année, tu veux poursuivre le foot ou découvrir un nouveau sport ? ») ;

– l'accompagner dans la reconnaissance de ses émotions (« Ces larmes, c'est de la tristesse ou de la colère ? C'est parce que tu en as très envie alors que tu sais que j'ai dit non ? ») ;
– et, toujours, l'assurer de votre amour sans condition (« Quoiqu'il arrive, tu seras toujours mon fil, ma fille » ; « Même si je déteste quand tu fais/dis ça, si je suis très en colère à cause de ce comportement, ça ne m'empêchera pas de t'aimer »).

**Être fort·e**

La célèbre maxime de Nietzche[2] illustre bien ce conducteur :

– « Ce qui ne tue pas rend plus fort. »

Dans la bouche des parents, cela peut devenir :

– « Allez, sois courageuse ! »
– « Un garçon, ça ne pleure pas. »
– « Arrête de faire ta fifille ! »
– « Tu as fini de te plaindre ? ! »

Si l'intention de forger des individus capables de résister à la pression, et aptes à faire face à toutes les situations et à gérer leurs émotions, est tout à fait pertinente, les expressions employées, elles, risquent d'avoir pour effet de les transformer en sujets indépendants, car soucieux de se

2 Extrait du *Crépuscule des idoles*.

débrouiller par eux-mêmes pour éviter de passer pour des faibles, déconnectés de leurs émotions et donc peu sensibles à celles des autres. Adultes, ils privilégieront les rapports de force, avec la conviction qu'ainsi ils pourront tout obtenir.

Il est tout à fait possible de mettre le courage et la force à l'honneur tout en soulignant l'importance d'autres valeurs, comme la coopération et l'entraide, pour équilibrer les influences :

– « N'hésite pas à demander de l'aide, si tu en sens le besoin. »

– « As-tu remarqué un camarade doué en maths avec qui tu pourrais réviser ? »

– « Vous formez une sacrée équipe, tu peux compter sur tes coéquipiers. »

– « Dans ta classe, vous êtes tous dans le même bateau, c'est du jeu que de faire les exercices ensemble. »

## Faire des efforts

L'inconscient collectif, qui contribue en partie à élaborer nos valeurs éducatives, se trouve bien souvent retranscrit dans les textes classiques. À moins que ce ne soient ces derniers qui, au fil des siècles et de leurs enseignements, construisent notre pensée commune. Ainsi la réplique de Corneille : « À vaincre sans effort, on triomphe sans gloire »[3] peut tout à fait avoir contribué à valoriser la notion d'effort. On la retrouve dans bien des expressions parentales :

---

3 *Le Cid.*

– « Il faut que tu travailles beaucoup si tu veux être le meilleur. »
– « La note est correcte, mais tu ne t'es pas donné beaucoup de mal. »
– « Quel tire-au-flanc ! »
– « Je n'ai jamais vu un paresseux pareil. »
– « Qu'est-ce que tu crois ? On n'a jamais rien sans rien ! »

Cela peut pousser un enfant à croire qu'il doit se forcer à faire des choses qu'il ne désire pas ou n'apprécie pas nécessairement. En grandissant, outre qu'il aura du mal à lâcher prise et à se faire plaisir, il pourra développer une personnalité pessimiste et se montrer rapidement défaitiste, persuadé qu'il ne pourra jamais rien obtenir facilement...

**Se dépêcher**

Les enfants n'ont pas la même perception du temps que les adultes, leur rythme physiologique diffère autant que leur réactivité et leur sens des priorités sont très variables. Les parents, soumis à la nécessité de respecter les horaires d'un planning quotidien chargé (école, travail, accompagnement aux activités périscolaires, courses...), peuvent naturellement avoir besoin de les « bousculer » :

– « Qui est-ce qu'on attend, comme toujours ? ! »
– « Arrête de lambiner ! »
– « Ce n'est pas possible d'être aussi lent·e ! »
– « Qu'est-ce que tu es mollasson ! »
– « Je n'ai pas que cela à faire... »

– « Tu vas encore me faire perdre des heures... »

Stimuler régulièrement les enfants, les encourager à ne pas traîner inutilement, à ne pas passer plus de temps que nécessaire sur une tâche donnée, accroît leur capacité à réagir rapidement et leur autonomie.

La répétition de ces messages favorise cependant une pression importante :

➪ Enfants stressés à devoir faire les choses rapidement, avec comme conséquence l'éparpillement.

➪ Enfants impatients, à faire vite mais pas forcément bien.

Cela contribue à les rendre incapables de profiter de l'instant présent, et trop habitués à toujours enchaîner les activités, ils deviennent intolérants à l'ennui. Or, comme le tube digestif, le cerveau a besoin de périodes de « digestion ».

Aussi, il sera toujours judicieux de ménager des moments de temps libre, sans activité organisée particulière, des instants de pause pour lire, rêver et s'ennuyer. Et, dans les situations qui demandent réellement de la rapidité, chaque fois que vous le pouvez, au lieu de dire « dépêche-toi » vous pouvez adopter des stratégies plus opérationnelles :

– proposez de faire la course (« Le premier qui a terminé de ranger sa chambre a gagné ! ») ;
– sur un trajet où il·elle traîne la patte, imaginez un jeu (« Aujourd'hui, on marche comme des tigres ou comme des gazelles ? ») ;

– lancez des défis (« Pas cap' d'aller te brosser les dents à cloche-pied... » « Je parie que tu n'auras pas fini de mettre tes chaussures avant que je trouve mes clés ! »).

Il s'agira, d'une façon générale, d'encourager votre enfant à suivre votre rythme plutôt que de lui reprocher de ne pas y arriver : « Je commence à avancer, tu me rejoins ? »

**Être parfait·e**

– « C'est bien, mais j'attendais mieux de toi. »
– « Franchement, tu aurais pu mieux faire ! »
– « Tu es travailleur, mais elle, elle est intelligente. »
– « C'est correct, mais bon... »

Lorsque la qualité ou le compliment soulignés sont assortis d'un *mais*... cela sous-entend toujours une injonction à s'améliorer pour devenir parfait·e.

L'avantage de ce fil conducteur éducatif est qu'il pousse l'enfant à progresser et à améliorer ses compétences. Il contribue, lorsqu'il est suggéré avec tact, à doter l'enfant d'une volonté à bien faire les choses et d'un certain niveau d'exigence. En revanche, que ce soit ou non en raison d'exigences parentales excessives, qu'il y ait ou non un défaut de prise en compte des qualités effectives de ce qui est réalisé, lorsque ces remarques sont régulièrement martelées, elles suscitent une angoisse chez l'enfant qui, indépendamment de ses réussites, ne se sent jamais assez comme il le faudrait.

Ce qui se voudrait un encouragement à faire mieux, de la part des parents, peut être interprété par l'enfant comme l'expression du fait qu'il n'est pas à la hauteur de leurs attentes. L'angoisse qui en découle creuse le lit de comportements perfectionnistes excessifs par crainte du jugement, d'attitudes de maîtrise et du besoin de tout contrôler. Cela donne fréquemment des personnalités dotées d'un sentiment d'insatisfaction permanente.

Comme le veut une autre expression populaire, le mieux est l'ennemi du bien. Aussi, il convient de nuancer l'exigence de perfection par le regard positif que l'on peut porter sur les erreurs :

– « Maintenant que tu sais quelle est la mauvaise orthographe de ce mot, tu te rappelleras comment l'écrire. »
– « Que nous apprend cette erreur ? »
– « Se tromper et recommencer, c'est s'entraîner et apprendre ! »
– « Grâce à cette erreur, tu identifieras mieux ce que tu n'as pas compris..., tu sauras mieux sur quoi centrer ton attention. »

Ces injonctions contraignantes présentent donc à la fois des avantages et des inconvénients. Aussi, il reviendra à chacun de veiller à les repérer dans son discours pour que leur utilisation ne soit pas systématique, et que certaines des « lignes de conduite » ne constituent pas les seules réponses aux situations quotidiennes et ne les régissent pas toutes. Car le risque est de forger des personnalités promptes à se dévaloriser, frustrées, insatisfaites, parce que toujours enfermées dans un idéal personnel à atteindre.

On évitera cela en délivrant d'autres messages, plus souples, nuancés, adaptés à la personnalité de chaque enfant.

III

# LA GESTION DES DIFFICULTÉS DU QUOTIDIEN

Nous avons regroupé dans ce chapitre les expressions auxquelles nous avons parfois recours lorsque nous sommes confrontés à des situations aux enjeux éducatifs plus précis : bêtises, comportements ou propos inadaptés…, et dont la fonction serait de nous aider à résoudre le problème.

## LES CHANTAGES AFFECTIFS

Pour influencer une attitude ou mettre un terme à un comportement qui ne nous convient pas, nous avons souvent tendance à utiliser des avertissements qui emploient des formules commençant par « si » :

– « Si tu continues comme ça, tu seras puni ! »
– « Si tu es gentil, tu auras une récompense… »

Certaines de ces expressions sont ouvertement des menaces, lorsque la condition introduite par le « si » permet d'éviter une punition ; ce n'est bien sûr pas toujours le cas, pour autant cela procède toujours d'une forme de manipulation :

– « Si tu fais ce que je te dis, tu gagneras ceci ou cela… »

Qu'il s'agisse d'un chantage à la récompense, de la même façon que la menace est un chantage à la punition, la « victime » de cette pression peut se sentir piégée, car dépossédée de son libre arbitre. Cela favorise l'idée que toute relation ne fonctionne que sur le principe du donnant-donnant. Or, en grandissant sous ce type d'influence, l'enfant peut lui-même utiliser à son tour ce mode de fonctionnement relationnel, avec ses amis comme avec ses parents.

Plutôt que de faire du chantage à la punition ou à la récompense, proposez à votre enfant un choix associé à ses conséquences. Il devra se déterminer sur la poursuite de sa mauvaise conduite, avec les conséquences désagréables qui en découleront, ou sur un choix plus adapté ayant des conséquences plus agréables (comme une activité intéressante).

Le principe est de remplacer les « si » par des « soit » :

– « Soit tu persistes dans ta volonté à ne pas t'habiller, on perd du temps, et, comme de toute façon on doit sortir, tu m'accompagneras en pyjama ; soit tu t'habilles rapidement et il nous restera du temps pour aller au parc après les courses. »

Il peut s'agir également d'autoriser l'action, mais ailleurs ou sous certaines conditions :

– « Soit tu ne peux pas t'empêcher de crier, mais alors tu vas le faire tout seul dans le jardin, soit tu préfères que l'on joue ensemble et tu parles calmement. »

On aura alors en tête de proposer des alternatives où le choix de l'enfant se portera naturellement vers ce qui lui convient le mieux (jouer avec sa maman ou son papa plutôt que rester seul) et qui ne comporte pas de risque dans l'option contraire (un jardin fermé et avec des voisins absents… ou compréhensifs).

Dans le registre de la menace, nous pouvons également citer les **« ultimatums absolus »** que nous dénommons ainsi du fait de leur caractère atemporel et quasi inconditionnel :

– « Je te préviens, je m'en souviendrai… »
– « Tu vas voir ce que tu vas voir… »
– « Tu ne perds rien pour attendre ! »

Ces expressions ont en commun de laisser présager une menace terrible, sans qu'il soit possible à l'enfant d'en établir la nature ni le moment où elle surviendra. Plus encore, la menace s'inscrit dans une durée non définie, qui laisse supposer que le parent se souviendra toute sa vie de ce qu'a fait – ou n'a pas fait – l'enfant. Celui-ci n'a donc aucune possibilité, a priori, de se racheter, et cela ne lui laisse aucune place pour la réparation ni le pardon.

Ces expressions sont donc plutôt à éviter. Il est difficile de trouver des équivalents positifs et fonctionnels, à savoir qui pourraient présenter un intérêt éducatif ou prévenir la récidive des bêtises. Car pour être efficace, une sanction doit s'appliquer dans les suites de la bêtise et s'attacher à être le plus en lien avec elle. Or une expression comme :

– « Si tu recommences, tu vas voir ce que tu vas voir ! »

... risque, justement, de favoriser la répétition : histoire de voir...

À ce titre, il est démontré que pour éviter la récidive, il est important que l'enfant se souvienne non pas de comment il a été puni, mais pourquoi. L'enfant pourra se souvenir des menaces, des punitions si elles sont répétées à l'identique, sans forcément que cela l'aide à améliorer son comportement.

Quant aux mises en garde qui visent (intentionnellement ou non) à effrayer l'enfant, elles ne l'aident pas non plus à s'épanouir avec sérénité. La peur, rappelle le moraliste, n'est pas bonne conseillère.

– « Ne t'étonne pas s'il t'arrive quelque chose, si tu sors habillé·e comme cela. »
– « Si tu te ronges tes ongles tu vas te rendre malade, tu vas avoir une appendicite... »

Le cas de l'onychophagie est une illustration pertinente de ce phénomène : bien souvent, ce sont les tensions internes, le stress, l'anxiété qui favorisent ce que l'on considère de façon réductrice comme « une mauvaise habitude », lorsque l'enfant (comme certains adultes) découpe avec ses dents des morceaux d'ongles ou de cuticules digitaux. Or, lui faire peur dans le but de le faire arrêter aura l'effet inverse et risque même de renforcer le symptôme, puisque cela va augmenter son anxiété. Adoptez plutôt des propos ou une attitude apaisante qui pourront, à tout le moins, détourner votre petit·te rongeur·euse de ses préoccupations internes, lorsque vous verrez ses doigts se diriger discrètement vers ses dents :

– « Dis-moi, à quoi penses-tu ? »
– « Il y a quelque chose qui te préoccupe... »

Remarquez que le fait de le solliciter détourne son attention de ses pensées, interrompt son geste et, en lui demandant de formuler une réponse, mobilise sa bouche pour autre chose.

## LES INTERDITS SUGGESTIFS OU LES INJONCTIONS NÉGATIVES

On considère souvent qu'une éducation est réussie lorsque l'enfant est obéissant et respectueux des règles et des limites que celles-ci supposent.

Enseigner ces règles peut alors se résumer de façon sommaire au fait d'énoncer et d'imposer les interdits qu'elles supposent nécessairement.

Et que l'on pourrait illustrer par l'expression :

– « Ne fais pas ci, ne fais pas ça... »

L'expérience montre que ce n'est pas aussi simple, et que le recours unique aux injonctions de proscription pourrait même avoir des effets contraires à ceux attendus.

Hervé et Olivier : deux pères, deux systèmes éducatifs différents, deux visions de la famille, mais que lient une amitié unique, née sur les bancs de la faculté de médecine, et une indéfectible confiance mutuelle. Échangeant comme souvent au sujet de leurs deux garçons de cinq ans l'un et l'autre, Olivier s'étonne :

– Je ne comprends pas, j'ai beau lui répéter tous les matins de ne pas rouler dans les flaques lorsque l'on va à l'école, eh bien tous les matins j'y ai droit. Rien n'y fait, ni les explications sur le fait qu'il va tacher ses bas de pantalons, ni les menaces de punition.

– Nous allons également à l'école en trottinette, mais je n'ai jamais rencontré ce problème..., constate Hervé, qui reconnaît volontiers que son petit diable n'est pourtant pas le dernier lorsqu'il faut faire le fou !

Ce qu'Hervé oublie de mentionner est que, paradoxalement, à aucun moment il n'a posé cet interdit. Un peu instinctivement, lorsque père et fils ont repris le chemin de l'école alors que l'automne avait déjà recouvert le sol de ses miroirs de boue, Hervé, comme un jeu, avait proposé à son petit bolide de fils de slalomer entre les flaques. Depuis, le pli est pris et qu'importe la pluie !

Il est des interdits qui s'avèrent bien souvent contre-productifs, car ils encouragent à l'inverse de ce que l'on voulait obtenir : en effet, ils focalisent justement l'attention sur ce que l'on veut éviter, et peuvent alors pousser les enfants, consciemment ou non, à faire ce à quoi ils n'auraient pas forcément pensé si on ne le leur avait pas suggéré.

Rappelons que l'inconscient n'entend pas la négation : lorsqu'on dit « ne touche pas à cela », la part émotionnelle du cerveau de l'enfant n'entend que « touche » et « à cela ».

Définir une limite pourrait se comparer à tracer une ligne dans l'espace virtuel des possibles : elle délimite alors forcément deux zones. Elle identifie ainsi ce qui est interdit, mais elle indique nécessairement en miroir ce qui échappe à cette interdiction. Ainsi, lorsque vous voulez lui interdire quelque chose, vous pourriez tout aussi bien vous contenter de préciser ce qui est autorisé :

– « Tu peux jouer dans la cour… »
– « Reste bien de ce côté du jardin… »,

sans forcément associer :
– « mais interdiction de sortir dans la rue ! »

Une variante de ce type de remarques est ce que j'appelle les prédictions négatives autoréalisantes, qui seront décrites ultérieurement dans le chapitre sur les expressions qui peuvent involontairement nuire à la santé.

## LES EXPRESSIONS QUI NUISENT AU DIALOGUE OU EMPÊCHENT DE RÉFLÉCHIR ET N'AIDENT PAS AU DÉVELOPPEMENT DU LIBRE ARBITRE

Un des enjeux de cet ouvrage est de favoriser les relations et le dialogue dans le cadre d'une éducation bienveillante. Aussi, il semblait important de mettre en lumière certains facteurs, propres au langage, qui pourraient aller à l'encontre de cette fluidité des échanges. Nous ne reviendrons pas sur le ton même, qui peut porter les mots et les rendre moins « entendables ». L'intonation est en lien direct avec l'émotion : les remarques que vous ferez sous l'emprise de la colère ou les propos que vous formulerez avec compassion ne seront pas écoutés avec la même attention. L'enfant aura tendance à se fermer s'il se sent grondé ou critiqué, de la même façon que son système auditif pourra spontanément filtrer les sons s'ils sont trop forts, comme lorsque l'on crie, alors qu'il sera plus réceptif, s'il perçoit de la compassion. Le paragraphe sur les émotions et l'intérêt d'en tenir compte revient sur cela.

Attardons-nous plutôt sur les nombreuses expressions qui portent en elles-mêmes une fin de non-recevoir. Cela peut être dû au caractère péremptoire de la remarque :

– « C'est comme ça et pas autrement ! »

Parfois, c'est la critique sans appel qu'elle comporte qui blesse et bloque toute possibilité de dialogue :

– « Ce n'est pas possible, tu ne comprends rien ! »

Mais il peut également s'agir de ces injonctions paradoxales qui, en obligeant l'interlocuteur à répondre quelque chose, laissent en définitive sans voix :

– « Enfin, dis quelque chose ! »

.....................................................................................

Tous les matins, c'est la même litanie, en quittant la maison pour se rendre à l'école. Nadine, la maman de Gad, ne peut s'empêcher de le houspiller, espérant ainsi qu'il se pressera un peu.

Nombreux sont les parents qui, dans l'espoir que cela stimulera leur enfant, ou simplement pour évacuer leur propre stress, peuvent laisser échapper ce genre de phrase :

– « Tu nous as encore mis en retard... »
– « Si on rate le bus à cause de toi, ça va barder... »

.....................................................................................

### Les expressions culpabilisatrices

D'une façon générale, les expressions qui font porter les conséquences d'évènements familiaux sur les (petites) épaules de l'enfant sont le plus souvent à éviter :

– « C'est de ta faute si... »
– « Je suis énervé à cause de toi. »

Toutes ces expressions culpabilisent l'enfant en le rendant responsable d'une situation dont il n'est l'acteur qu'en partie. Ce qui sera d'autant plus difficile à vivre pour lui s'il a l'impression que cela fait du tort à son parent. Ce sera moins le cas lorsque les répercussions n'affectent que l'enfant, comme dans le cas de la rentrée scolaire, bien que s'associent alors des interrogations culpabilisantes (« et si je l'avais fait exprès parce que je n'aime pas l'école… »).

Un autre inconvénient de ces phrases, plus insidieux mais bien présent dans l'inconscient de l'enfant et de l'entourage, est qu'elles décrédibilisent l'adulte, car elles renvoient l'image d'un parent qui n'assume pas ses responsabilités et qui n'est pas à la hauteur de son rôle de parent. Car, même si votre enfant a traîné pour s'habiller, ou s'il a fait un caprice qui vous a fait perdre du temps, vous restez celui qui a la charge de programmer l'organisation du départ, en particulier, et du bon déroulement de la journée ou des activités, en général. Vous êtes ainsi censé posséder la capacité à anticiper les contretemps, et à gérer les crises lorsqu'il y en a. Quelles que soient les circonstances, c'est à l'adulte, responsable de l'enfant, de faire en sorte que ce dernier soit à l'heure à l'école (quitte à opter pour une organisation différente : un réveil plus précoce, les vêtements et le cartable préparés la veille, les bols du petit déjeuner en instance sur la table à manger…), de s'assurer que le temps sera suffisant pour réaliser ce qui était prévu, ou d'envisager les aléas de la circulation… Et, à tout le moins, ce sont également les missions parentales que d'apprendre à son enfant à s'organiser et de le protéger de ce qui peut le mettre à mal…

Arrangez-vous donc plutôt pour souligner les facteurs ayant contribué à faire perdre du temps, sans incriminer directement l'enfant (qui, au demeurant, sait très bien qui a fait quoi !) :

– « Je n'avais pas prévu de temps pour un caprice, et maintenant NOUS sommes en retard... »

Bien sûr, une éducation pertinente doit aider l'enfant à développer son sens des responsabilités. Les études montrent que dans ce domaine, un peu de culpabilité est nécessaire pour qu'on se sente responsable, mais que la culpabilisation excessive est plutôt inhibitrice. Car devenir responsable, ce n'est pas seulement être conscient de ce que l'on a fait (se *sentir* « responsable » de ce que l'on a fait), mais c'est également faire par la suite, et parce qu'on en a compris les conséquences, des choix pertinents, c'est-à-dire *avoir* des comportements « responsables ». Ainsi, afin de mobiliser son désir de changer, on obtient de meilleurs résultats lorsqu'on souligne l'impact que le comportement de l'enfant aura pour lui-même :

– « À cause du temps que nous avons perdu (pour telle ou telle raison), TU n'as plus le temps de jouer... »
– « Le bain a fini trop tard, nous n'aurons pas le temps de regarder un dessin animé. Demain, pour profiter d'un dessin animé, il sera important que tu ailles au bain dès que je te le demande. »

Il ne s'agit pas pour autant de brider vos propres émotions, qui sont bien souvent à l'origine des expressions culpabilisantes que vous utilisez. Au contraire, assumez-les ! Car, même si les facteurs déclenchants peuvent être extérieurs (autrement dit, si votre énervement est bien causé par l'attitude de votre enfant), chacun reste le seul responsable de ce qu'il ressent et surtout de la façon dont il l'exprime.

Aussi, à :

- « Je suis énervé à cause de toi. »
- « Tu m'énerves ! »

Vous gagnerez à substituer :

- « Je suis très en colère ; je n'aime pas la façon dont tu te comportes… »
- « Je ne supporte pas ton attitude, les propos que tu tiens, je ne veux plus les entendre… »
- « J'ai vraiment eu honte, quand tu as fait/dit cela… »

Dans le chapitre suivant, nous verrons qu'en effet, dissocier l'enfant de ses attitudes ou de ses propos permet de n'attribuer l'origine de nos ressentiments qu'à ces derniers. On peut alors fermement critiquer ou sanctionner un comportement sans porter atteinte à l'estime de soi de l'enfant.

### Les expressions qui nuisent à la sécurité ou à la santé

De toutes les fonctions nécessaires au dur métier de parent, celle de protéger et d'assurer la sécurité des enfants apparaît comme une des plus centrales.

Aussi avons-nous souvent recours à tout un langage sécuritaire ou encourageant à la prudence. Comment faire le choix des exhortations les plus pertinentes ?

– « Attention ! tu vas tomber/te blesser… »
– « Ne touche pas à cela tu vas te faire mal, te brûler… »

Ces locutions entrent dans la catégorie de ce que j'appelle les prédictions négatives autoréalisantes, car, bien souvent, leur conséquence est que ce que l'on redoutait arrive bel et bien ! Statistiquement, on constate que plus on met en garde un enfant contre un accident potentiel, plus on augmente la probabilité que celui-ci arrive. Indépendamment de la réalité du risque, ces mises en garde traduisent surtout les craintes du parent vis-à-vis de ce qui pourrait arriver à son petit protégé. Or, bien qu'elles partent d'un bon sentiment, leur effet est souvent délétère. Deux processus mentaux concourent à cela. D'une part, on augmente les propres craintes de l'enfant, qui n'est plus alors dans un état émotionnel de pleine confiance, et qui est donc plus sujet aux erreurs ; d'autre part, on parasite son attention (car l'expression est le plus souvent criée à distance), ce qui l'expose davantage à la fausse manœuvre. Comme l'illustre l'histoire de l'enfant sur son vélo tournant la tête pour écouter son père qui l'interpelle, et… rentre dans un arbre ! Enfin intervient un phénomène psychique fréquent, qui correspond à la réponse inconsciente à ce que l'esprit de l'enfant interprète comme un ordre du parent : « (attention)… TU VAS TOMBER ! »

Aussi, préférez plutôt les injonctions qui formulent des encouragements à la prudence comme :

– « Regarde bien où tu mets les pieds », à l'enfant qui escalade.
– « Tiens-toi bien… »
– « Regarde devant toi. »
– « Veille bien à ton équilibre », pour celui qui fait du vélo… Vous prendrez le soin de le lui dire avant qu'il ne s'élance sur la piste cyclable…

Notez qu'il sera toujours plus efficace de préférer, aux expressions généralistes, celles qui s'adaptent plus spécifiquement à l'activité de l'enfant.

Si vous désirez vraiment le mettre en garde contre un danger précis, nommez le piège ou l'écueil, bien concret, que vous voulez lui éviter, plutôt que ce qui pourrait éventuellement lui arriver :

– « Attention à l'angle de la table ! »
– « Les cailloux sont dangereux sur cette piste. »
– « Regarde ! Il n'y a pas de bordure de protection… »

À l'inverse on trouve, dans le registre des formules qui peuvent avoir un impact sur sa sécurité, toutes celles qui abandonnent totalement l'enfant à son libre arbitre et lui donnent l'impression d'une absence totale de soutien et de cadre apportés par l'adulte :

– « Fais comme tu veux, je m'en lave les mains ! »
– « Je t'avais bien prévenu... »

Elles sont donc à éviter, d'autant que, le plus souvent, elles sont prononcées sous l'influence de la colère ou de la déception. Or n'oubliez pas qu'un enfant a besoin de renouveler les expériences pour vraiment les intégrer, et les seuls conseils, même bienveillants, judicieux et justifiés ne suffisent pas à l'intégration des réflexes de protection qui s'élaborent au fur et à mesure que grandit le sens du danger.

**Les ordres qui inhibent les émotions**

Une qualité inhérente à la parentalité est l'empathie. Elle nous rend sensibles à l'émotion de notre enfant et nous aide à le comprendre. Elle n'empêche pas toujours, cependant, que nous ayons du mal à supporter certains de ses mouvements d'humeur, notamment lorsqu'il s'agit de tristesse, de colère ou de tout ce qui traduit un inconfort ou une souffrance. Le réflexe est alors bien souvent de chercher à faire taire ces manifestations.

– « Arrête de pleurer. »
– « C'est quoi, ces jérémiades ? »
– « Soit fort·e ! »

Bien que formulées dans l'intention de consoler, ces remarques ont souvent l'effet inverse. En effet, même si elles se veulent bienveillantes, elles prennent la forme d'un ordre qui ne tient pas compte de la capacité de l'enfant à y répondre.

Je propose souvent l'expérience suivante, qui permet de mettre en évidence combien les émotions sont plus fortes que la volonté : il sera plus adapté de demander à l'enfant ce qu'il ressent. En l'aidant à mettre des mots sur ses émotions, on l'aide à apprendre à mieux les gérer, on lui permet de relativiser lui-même l'intensité de sa réaction et la situation qui l'a provoquée.

« Dis-moi, ces larmes, elles sont de tristesse ou de colère ? » Et : « Qu'est-ce qui te rend si triste, qu'est-ce qui te met en colère comme ça ? »

Puis, proposez des pistes d'amélioration : « Que pourrait-on faire pour que tu te sentes mieux ? »

Certes, ces propositions demanderont un peu plus de temps et d'attention qu'un simple « Arrête de pleurer », mais l'expérience vous confirmera qu'elles obtiennent un résultat plus rapide et bien plus efficace sur le long terme. En prenant l'habitude de mettre des mots sur ce qu'il ressent, votre enfant limitera progressivement ses réactions réflexes qui consistent à laisser l'émotion ne s'exprimer que par des actes (pleurs, cris, agitation...).

Parfois, l'humour, qui favorise des émotions plaisantes comme l'envie de rire ou la prise de distance, peut être un allié efficace.

Paulo vient de heurter du genou l'angle de la table alors qu'il courait pour embrasser sa mère. Il se roule par terre de douleur. La séquence des échanges qui succèdent à cet accident pourrait être la suivante :

« Hou la la, que se passe-t-il ? » (On attend plus ou moins la réponse de l'enfant.)

« Et ça fait quoi ? » (Paulo peut décrire ce qu'il ressent et laisser libre cours à ses émotions.)

« Aïe, aïe, aïe... Effectivement, ça doit faire très mal. » (Il est important de reconnaître ce que l'enfant ressent et de manifester de l'empathie.)

C'est à la fois un soutien important et qui fait du bien, et un moyen efficace d'aider l'enfant à développer ses propres capacités d'empathie à l'égard des autres...

Une fois que nous sentons notre protégé assuré de notre compassion, le relais peut être pris par l'humour :

« Bon, ben si ça fait si mal, on va peut-être te remplacer la jambe par une jambe en plastique ! »

Il est également efficace, pour arrêter la crise ou les pleurs, de solliciter l'enfant. En prenant le temps de nous répondre, il remplace progressivement les manifestations bruyantes de ses émotions par des mots, qui eux-mêmes vont l'apaiser.

Nous n'obtiendrons pas les mêmes effets en nous contentant d'exiger de l'enfant qu'il mette un terme immédiat à ses débordements et qu'il les remplace uniquement par du silence ou de l'immobilité. « L'esprit, comme la nature, a horreur du vide... », rappelait Victor Hugo ; or ces injonctions, comme celles qui suivent, ne proposent que cela : un vide émotionnel.

– « Calme-toi. »

– « Arrête de bouger. »
– « Cesse de t'agiter... »

Voilà des ordres que tout enfant aura du mal à respecter : personne ne peut décider de suspendre une émotion, surtout si elle est intense, par le simple fait de la volonté. Une fois stimulées, que ce soit par un évènement particulier ou même une simple pensée, les zones du cerveau impliquées dans les réactions émotionnelles entrent en jeu. Elles sécrètent différents neuromédiateurs, adrénaline, sérotonine et autres hormones, qui se déversent dans le corps, et il faudra un certain temps pour que tout cela se dissipe et que l'organisme revienne à son état de base.

Aussi, plutôt que d'intimer à l'enfant un ordre impossible à exécuter, proposez-lui des solutions et aidez-le à développer le réflexe d'utiliser par lui-même les moyens qu'il a à sa portée :

– « Respire ! »
– « Veux-tu un verre d'eau ? »

Effectivement, la respiration est un acte naturel, qui ne demande aucun effort. Certes, il est réflexe et spontané, pour autant il est possible d'agir dessus. Nous pouvons ralentir nos expirations ou prolonger nos inspirations et, progressivement, abaisser notre fréquence respiratoire. On pourra, sans être un expert de la méditation, conseiller à l'enfant d'imaginer son ventre comme un ballon de baudruche qu'il gonfle et dégonfle progressivement, et ainsi lui apprendre ce qu'il peut faire pour s'apaiser.

Quant à la technique du verre d'eau, elle est l'une des plus efficaces pour permettre à chacun de se… ressourcer.

## LES EXPRESSIONS QUI RETENTISSENT SUR LA CONFIANCE EN SOI ET ALTÈRENT L'ESTIME DE SOI

Les études en psychologie sociale, et notamment celles qui portent sur le développement de la personnalité de l'enfant, ont mis en évidence le rôle que joue le manque de confiance en soi dans la multiplication des comportements inadaptés de l'enfant, que les parents considèrent plus communément comme des bêtises. Par exemple, ces enfants qui « font leur intéressant » ou ces écoliers qui multiplient les âneries en classe pour faire rire leurs camarades. Aider à l'élaboration d'une bonne estime de soi, comme la renforcer, constituent un outil essentiel à une éducation réussie. Il est donc tout à fait pertinent d'être vigilant à ces paroles qui, répétées, vont éroder ou parasiter la construction de ces caractéristiques, loin d'être innées.

– « Je te l'avais bien dit… »
– « Tu me fais honte. »
– « Tu es nul·le/bête/méchant·e… »
– « Menteur ! »

De tous les adjectifs qui collent une étiquette sur l'individu plutôt que de critiquer uniquement l'acte, celui-ci est particulièrement délétère. Car tous les enfants mentent (au moins une fois dans leur vie) et les adultes ne sont pas en reste !

Il ne s'agira pas pour autant de ne pas relever le mensonge si vous en êtes témoin, ou si tous les signes en font une évidence, mais plutôt de signifier que vous n'êtes pas dupe et d'encourager l'enfant à reconnaître son erreur.

La prise en compte du mensonge et la façon de le gérer sont particulièrement importantes si vous voulez faire de votre petit·te un·e adulte fiable.

Deux ou trois éléments sont à rappeler. J'aime à souligner notamment que l'expression « il ment comme il respire » illustre une vérité dont bien des parents n'ont pas toujours conscience : mentir, comme respirer, est vital pour un enfant ! Ou, pour apporter davantage de nuances et de précision, le fait de mentir est un processus essentiel dans son développement affectif. En effet, il contribue à l'élaboration de l'imaginaire, de la pensée symbolique et des processus de gestion des émotions.

Il existe différentes sortes de mensonges : les mensonges communs, et une forme particulière propre aux tout-petits que nous distinguons sous le terme de mensonge compensatoire.

Au fur et à mesure que l'enfant s'approprie le langage, il découvre, et cela dès trois ou quatre ans, qu'il a la possibilité de ne pas tout dire, et qu'il peut également formuler ce qui n'est pas : ce qui n'existe pas, ce qu'il a pensé, même s'il ne l'a pas vu, ce qu'il aurait aimé avoir, faire ou vivre…

Inventer des histoires devient aussi source de plaisir, comme celles qu'on lui lit le soir avant de s'endormir. Pour autant, il ne fait pas encore la différence entre le mensonge, le jeu de « faire semblant » et la fabulation. Car c'est essentiellement grâce à l'acquisition du sens des valeurs morales et sociales (ce qui est bien ou mal, ce qui se fait ou non…) qu'il réalise à quoi correspond le mensonge, notamment dans sa dimension intentionnelle, c'est-à-dire chercher à tromper l'autre ou masquer une vérité. À partir de l'âge de raison (après six ou sept ans), il est plus en mesure d'établir la distinction entre les dyades « vérité/erreur » et « vérité/mensonge », se tromper ou dire volontairement quelque chose que l'on sait inexact. Or, c'est parce que la vérité va être, d'une part, parée de valeur morale positive, qui renforce l'estime de soi et favorise la reconnaissance des autres, et d'autre part associée à des avantages supérieurs aux bénéfices transitoires que peut fournir le mensonge, qu'elle va devenir un choix prioritaire. Cela ne garantit pas pour autant que le mensonge disparaîtra totalement de la bouche des enfants – ni des adultes, d'ailleurs… Car la fonction utilitaire du mensonge peut rester prégnante chez certains. Dissimuler une mauvaise note pour échapper à une punition, enjoliver le récit de ses exploits pour attirer l'attention de son entourage, intégrer la bande des caïds de la récré ou obtenir la récompense réclamée à l'adulte peuvent demeurer des options lorsque l'individu a le réflexe de penser à l'immunité précaire ou aux gratifications immédiates qu'il en retire. L'attitude et les réactions de l'entourage sont déterminantes pour l'évolution de cette conduite, somme toute assez commune. Ne pas y prêter attention, parce que l'on considère que l'on a mieux à faire que d'écouter les balivernes d'un enfant à l'imaginaire débordant, ou simplement par indulgence, risque d'encourager la multiplication de mensonges de plus en plus invraisemblables, comme une attitude trop crédule (que l'on adopterait pour ne pas vexer le petit ange ou éviter une colère). À l'opposé, des positions extrêmement rigoristes peuvent favoriser l'enfermement dans un système de défense où, un mensonge en entraînant un autre afin de le justifier, l'enfant se piège lui-même dans une spirale dont il ne peut plus sortir.

Il est donc nécessaire de le mentionner lorsque ce qui nous est dit ne nous paraît pas exact, ou qu'un faisceau d'arguments assure le contraire. Pour autant, sommes-nous face à un mensonge, volontairement formulé pour nous tromper, un arrangement des faits pour limiter les conséquences ou une simple erreur ? Les réactions des adultes – des parents en particulier – et les remarques formulées pourront avoir d'importantes conséquences.

– « Qu'est-ce que c'est encore que ce mensonge ? »
– « Tu n'es qu'un·e petit·te/sale menteur·se ! »
– « Comment veux-tu que je continue à te croire après ça ? »...

... sont autant d'expressions sans appel, bloquantes, et après lesquelles un discours moralisateur ou éducatif, même dispensé avec pertinence, n'aura aucun écho.

– « Est-ce vraiment comme cela que ça s'est passé ?... »
– « Peut-être aurais-tu aimé que les choses arrivent comme tu le dis, mais je vois bien que... »
– « Il y a un certain nombre de détails qui me font penser que ce que tu décris ne correspond pas à ce qu'on constate »...

... sont d'autres manières de relever la fabulation. Elles ont l'intérêt de ménager des « portes de sortie ». L'enfant peut ainsi comprendre l'inutilité de son mensonge, plus facilement revenir sur ses propos et se corriger. Nous lui indiquons clairement que nous ne sommes pas dupes, sans pour autant lui faire perdre la face. L'attachement aux valeurs morales, quelles qu'en soient les raisons, philosophiques, religieuses ou dogmatiques, pourrait faire croire qu'il y a dans ce choix éducatif une certaine forme de laxisme et que le mensonge est une faute qu'il convient de sévèrement punir. Mais l'expérience dans le domaine des sciences de l'éducation met au contraire en évidence qu'on obtient de bien meilleurs résultats quand sont mis en exergue l'intérêt de dire la vérité, la valeur et la reconnaissance que l'enfant en retire, l'effet bénéfique sur la confiance réciproque et les échanges, que lorsqu'est instauré un système coercitif contre le mensonge. Cela se comprend aisément lorsqu'on pense à cette métaphore : si l'on vous désigne régulièrement les bons outils à utiliser, vous développerez naturellement le réflexe de les saisir spontanément ; alors que si l'on ne vous indique que ceux qu'il ne faut pas utiliser, vous devrez à chaque fois réfléchir à celui qu'il est judicieux de saisir, augmentant le risque de ne pas faire le bon choix...

## LE CAS PARTICULIER DU MENSONGE COMPENSATOIRE

C'est une habitude transitoire que les parents constatent chez leur enfant encore très jeune, généralement lorsqu'il commence à se détacher de ses ascendants, vers ses trois ou quatre ans, à peu près à son entrée à la maternelle, et qui consiste à ne pas répondre la vérité aux questions qu'on lui pose, ou à inventer de toutes pièces des situations non vécues, sans que rien ne le justifie. Cela correspond à des mensonges que les parents n'arrivent pas à comprendre, car il ne s'agit pas pour l'enfant de dissimuler une bêtise ni d'obtenir, par cette invention, un avantage quelconque.

En fait, ce « mensonge » a bien une fonction : il permet de rassurer l'enfant sur le caractère hermétique et inaccessible de ses pensées. En effet, il acquiert progressivement l'assurance que ses pensées, et avec elles l'ensemble de son monde imaginaire, fantasmatique, intime, n'appartiennent qu'à lui, et que personne ne peut lire dans sa tête. Car cela ne va pas de soi initialement pour le tout-petit, qui, constatant que sa mère est toujours prompte à deviner ce dont il a envie, à anticiper ce qu'il va faire ou dire, ou à débusquer ses bêtises, reste longtemps persuadé qu'elle a un accès direct à ce qu'il pense. En multipliant ainsi les manquements à la vérité, les fabulations et les mensonges que les parents ne repèrent pas, l'enfant se rassure sur l'imperméabilité de son esprit. Il se libère ainsi de la crainte que penser pourrait représenter un danger, notamment lorsqu'il a des idées que papa et maman désapprouvent ou dont il pourrait avoir honte ou se sentir coupable si elles venaient à être dévoilées. Cela lui permet alors de faire l'expérience d'une certaine « toute-puissance » de la pensée, puisqu'elle lui donne le pouvoir, par l'imaginaire, de se faire plaisir ou de se consoler (en songeant à des choses agréables), de se venger (en se représentant, par exemple, qu'il arrive les pires malheurs au responsable de sa colère), comme de gagner en assurance (en évoquant des souvenirs de réussite ou en imaginant la présence d'un héros protecteur). Il·elle peut penser du mal de celui qui l'a contrarié·e, s'inventer une famille extraordinaire quand la sienne fait défaut, se revendiquer l'auteur d'exploits les plus impressionnants les uns que les autres, ou juste s'abandonner à des moments de rêverie au cours desquels va se développer une image positive de lui-même. Et tout cela sans que personne n'en sache rien.

Aussi n'est-il pas indispensable de reprendre à notre compte des expressions que nous avons pu entendre de nos parents ou grands-parents, comme :

– « Mon petit doigt me l'a dit. »

– « Les parents savent tout. »

– « Les mamans/les papas devinent toujours la vérité »...

... qui sont autant d'expressions contribuant à entretenir cette croyance que les adultes ont un pouvoir de divination des pensées.

..................................................................................

Je me souviens d'un garçon de trois ans qu'une demande de consultation pédopsychiatrique avait conduit dans mon cabinet, suite au développement d'un syndrome pseudo-autistique : l'enfant s'était mis à éviter le regard, à ne plus parler, ou seulement très factuellement, et se montrait totalement inhibé dans les apprentissages scolaires et le développement des relations avec les autres enfants. Des liens avaient été faits entre le début de la scolarisation en maternelle, la naissance d'une petite sœur et les angoisses de séparation et de désamour parental qu'elle avait pu favoriser, mais cela ne semblait pas suffire à lever les symptômes. Or, en entrant dans mon bureau, l'enfant se montra si apeuré, cherchant par tous les moyens à se soustraire à ma vue, refusant de répondre à mes questions en se protégeant la tête de ses bras repliés et en l'agitant furieusement, que je n'eus d'autre possibilité que de demander aux parents comment lui avait été présenté ce premier rendez-vous. « Nous lui avons dit que nous allions rencontrer un spécialiste, que vous alliez voir ce qu'il a dans la tête pour comprendre ce qui ne va pas chez lui et qu'après ça irait mieux. » J'entrevis ce qui se jouait dans l'esprit de l'enfant et lui précisai : « Ce qu'il y a dans ta tête, tes idées, tes envies, tes colères... personne ne peut le voir. Ni moi, ni personne d'autre. Mon métier n'est pas de voir dans les cerveaux, c'est ensemble que nous allons trouver des solutions, grâce à ce que tu auras envie de dire, de dessiner ou de jouer... Et tout cela restera là, bien rangé dans ta boîte à secrets». Ces propos eurent rapidement pour effet de calmer son agitation et de le rendre progressivement plus attentif à ce qui se déroula dans la séance. Les séances qui suivirent, agrémentées de dessins et de jeux, soigneusement confinés dans une boîte en carton, ont confirmé l'hypothèse première : persuadé que l'on pouvait deviner ses pensées, l'enfant avait mis en suspens toutes ses fonctions cognitives. Penser, apprendre avec la maîtresse, comme jouer avec les autres enfants, favorisaient l'émergence de sentiments et d'émotions dont il pouvait avoir honte, ou pour lesquels il croyait pouvoir être puni : colère, jalousie, haine, mais également amour, désir, excitation physique, certes transitoires, mais suffisamment ressenties pour que cette peur d'être démasqué soit entretenue.

Dessins de bébés jetés dans les poubelles ou avalés par des crocodiles, mais également d'enfants écrabouillés sous une école qui s'écroule, de petites filles arrosées de pipi avec de grandes lances de pompiers, comme de maîtresse en robe de mariée... Tout son univers fantasmatique un moment bridé par l'angoisse, la honte et la culpabilité a trouvé sur le papier, et à travers les avatars que sont marionnettes et figurines animalières, la liberté de s'exprimer. Enfin désentravé, l'esprit s'est autorisé à penser, donc à apprendre, comme le reste du corps s'est laissé aller à ses émotions. Il a maintenant plein de copains, adore l'école et s'investit pleinement dans ses activités manuelles.

Dans les cas où vous voudriez vraiment dissuader un enfant de mentir, il est donc plus neutre d'avancer ce type de propos :

– « Bien souvent, la vérité finit par éclater. »
– « J'ai bien compris à ton embarras qu'il s'était passé quelque chose... »
– « Je préfère que tu me dises ce qu'il y a, avant que je le découvre par hasard. »
– « Une bêtise révélée est à moitié excusée... »

Dans les cas plus graves, on peut se montrer plus ferme :

– « Bon, maintenant tu vas dans ta chambre, tu reviendras quand tu seras disposé à me dire la vérité. »

Là encore, le principe est de valoriser la vérité plutôt que d'accorder trop d'importance au mensonge. L'enfant aura vite fait de choisir de révéler les faits s'il est encouragé à le faire.

## LES FAUSSES PROMESSES

Elles concernent fréquemment toutes ces situations où l'on prend des engagements qu'on ne pourra tenir parce qu'ils ne dépendent pas de nous, mais d'autres personnes ou du hasard.

Ce sont par exemple toutes ces phrases auxquelles nous avons recours pour rassurer un enfant :

– « Ne t'inquiète pas, ça va s'arranger… »
– « Tu vas t'en sortir. »
– « C'est sûr, tu vas guérir. »

Le désir d'encourager ou de rassurer est bien légitime, mais, à moins d'en avoir l'assurance absolue, il est préférable d'éviter d'affirmer catégoriquement que l'issue sera favorable. D'autant que l'utilisation du pronom sujet « tu » laisse entendre que dans le cas contraire, le sujet serait seul responsable de son malheur (puisque c'est toi qui ne t'en es pas sorti).

Ainsi, dans le cas d'une maladie grave, on conseillera de dire plutôt :

– « Nous allons tout faire pour que cela s'arrange… »
– « Les résultats sont plutôt encourageants. »
– « Les médecins laissent entrevoir une issue… »

En effet, rassurer un enfant ne veut pas dire qu'il faut lui mentir. Lorsque nous ne savons pas comment va évoluer une situation, mieux vaut nous engager seulement sur ce dont nous sommes certains.

Il n'y a de risque, bien sûr, que dans la répétition des évènements : le hasard viendra jouer son rôle, en alternant les cas où les problèmes s'aggravent et d'autres où tout s'arrange. Et il soulignera alors le fait que la parole de l'adulte, dans cette situation, n'est pas fiable. Cela peut, sur le long terme, avoir les effets inverses de ce que l'on cherchait, en se révélant plus angoissant que rassurant.

Les fausses promesses correspondent également à des engagements, pris souvent sans vraiment réfléchir, et que l'on ne pourra tenir du fait de leur coût ou des enjeux qu'ils représentent.

C'est le cas des offres « trop avantageuses » :

« Si tu as de bonnes notes au prochain trimestre, je t'offre un scooter... »

Il est peu probable que les résultats scolaires s'améliorent : en effet, soit l'enfant est habitué à ces cadeaux excessifs et ce futur cadeau n'a pas plus de raison que les précédents de stimuler sa motivation défaillante, soit les gratifications sont rares, et le caractère exceptionnel de la promesse ne la rendra pas crédible.

IV

# LES SITUATIONS PARTICULIÈRES

Certains domaines de l'éducation, comme certaines situations de vie spécifiques, nous mobilisent particulièrement. Cela peut concerner des temps ordinaires du quotidien qui se compliquent lorsque des difficultés particulières apparaissent – comme, par exemple, les repas qui peuvent se révéler des lieux de tension et d'affrontement, ou les apprentissages ou les relations avec l'école – mais aussi des moments de vie plus ou moins douloureux comme la maladie, que nous évoquions quelques lignes plus haut, ou la mort.

## LES REPAS

Les repas n'ont pas pour seule fonction l'alimentation. Ils représentent aussi des temps d'échange et de communication importants. En même temps que les plats, il se partage un moment de convivialité. C'est l'occasion d'évoquer ce que chacun a vécu tout au long de la journée, les moments agréables comme les situations qui peuvent avoir été source de préoccupation. Pour les familles où les parents travaillent et où les enfants sont scolarisés, les repas sont l'occasion privilégiée de se retrouver. Il est donc important qu'ils restent des moments agréables.

Évitez pour cela d'en faire le lieu des récriminations ou des règlements de compte avec votre conjoint. Les réprimandes pour les bêtises, les mauvaises notes ou les jouets non rangés doivent pouvoir être faites à des moments qui leur sont réservés. Favorisez une ambiance détendue et chaleureuse où chacun se sentira enclin à s'exprimer. Il va sans dire que pour cela, la télévision, incontournable objet de la maison, doit rester éteinte.

Dans cette atmosphère conviviale, les repas s'avèrent également favorables aux « activités participatives communes » comme dresser la table et la desservir, ou aider à la préparation du dîner pour les plus grands. Il est fondamental, pour une dynamique familiale fluide, de bien identifier cette notion **d'activités participatives** communes. Car bien souvent elles ne sont perçues par les enfants que comme des corvées, et par les parents comme étant de leur seule responsabilité. Or elles ne sont ni des jeux, ni des devoirs pour les enfants, ni des tâches parentales exclusives, et pour autant sont nécessaires à chaque membre de la famille. Tout le monde déjeune ou profite ensemble du confort de la maison, il est donc bien naturel que tout le monde mette la main à la pâte. Ces nécessaires occasions de « faire ensemble » ne manquent pas et favorisent la communication.

Cependant, il s'avère que parfois ce temps fort familial se révèle un moment compliqué, voire conflictuel, où les propos échangés ne vont pas toujours de soi.

– « Mange, je l'ai préparé pour toi. »

– « Tu devrais penser aux pauvres enfants qui ne

mangent pas à leur faim. »
– « Moi, quand j'étais petit·e, on ne me nourrissait pas aussi bien. »
– « Tu auras ton dessert si tu es sage. »
– « Finis ton assiette pour me faire plaisir. »
– « Mange tes courgettes, si tu veux aller jouer. »

Ces différentes expressions font appel à des ressorts qui ne sont ni pédagogiques, ni adaptés à l'établissement de comportements alimentaires sereins.

Elles ont notamment tendance à mobiliser des émotions désagréables qui empoisonnent ce temps de restauration et de relation, favorisant une certaine forme de culpabilité à laquelle viennent se mêler des représentations plutôt tristes du monde, comme c'est le cas lorsqu'on met en parallèle le malheur d'autres enfants. Le repas n'est vraiment pas le meilleur moment pour le faire. Il ne sera pas judicieux non plus d'établir des comparaisons avec notre propre enfance, car elle ne justifie rien. Les époques, les histoires sont différentes ; et puis, vous c'est vous, et votre enfant c'est votre enfant. Enfin, lui demander de s'exécuter « pour vous faire plaisir » fait partie de ces injonctions délétères que nous avons regroupées sous le terme de messages contraignants (ou « *drivers* »).

L'idée générale est que les repas et le fait de manger n'ont pas besoin de justification particulière, et que la nécessité de se nourrir et le plaisir que cela peut apporter suffisent. Pour cela, il n'est pas non plus nécessaire d'entretenir de fausses croyances (comme l'idée que la soupe – ou un quelconque aliment – aurait des vertus extraordinaires) ni le chantage (en associant une gratification à la condition de manger). Cela suggérerait dans le même temps que manger est une corvée et mérite une récompense.

## Transmettre le plaisir de manger

La meilleure façon de rendre les repas faciles et agréables est d'en faire des moments où l'on a plaisir à se retrouver, où l'on parle de tout et pendant lesquels manger va de soi.

- « Avale ta soupe, tu en as besoin pour grandir. »
- « Mange tes épinards, c'est plein de fer ! »
- « C'est important de manger des légumes verts, c'est plein de fibres et de vitamines ! »

Ces paroles ne posent bien sûr pas de problème en soi, mais elles ne prennent en compte que l'aspect purement fonctionnel de l'alimentation. Or, s'il y a des phrases à conseiller, ce sont celles qui parlent justement de tout sauf de manger ! Celles qui évoquent le quotidien, qui racontent ce qu'on a fait dans la journée et ce qu'on a aimé ou pas, qui font le récit de telle ou telle aventure. Il ne s'agit pas, bien sûr, d'éviter le sujet du repas, mais d'en parler de façon générale, intéressante. Présenter les mets qu'on a préparés, discuter de leur saveur ou du plaisir qu'on a eu à les composer, raconter des anecdotes autour des courses ou de toutes les activités convergeant vers ces moments de restauration et les transformant en de vrais instants de vie.

Les tout-petits ne sont pas réceptifs aux messages portant sur des éléments aussi spécifiques que la composition des repas, les vertus nutritionnelles des aliments ou leur intérêt en matière de santé. Ils seront plus intéressés s'ils y trouvent un lien plus direct avec ce qu'ils connaissent ou une application immédiate dans leur quotidien.

L'enfant de l'âge du primaire sera davantage concerné lorsqu'il commencera à s'initier, à l'école, aux bases de la biologie et des sciences de la vie et de la terre.

### Transmettez-lui vos goûts mais ne les lui imposez pas

– « Ça, c'est trop fort (*trop* piquant, *trop* comme ceci ou *pas assez* comme cela), tu n'aimeras pas. »

Non seulement nous ne pouvons pas systématiquement anticiper ce qui peut lui plaire (même si nous pensons connaître le fruit de nos entrailles mieux que personne), mais nous risquons également de le dissuader de s'autoriser à de nouvelles découvertes gustatives.

Rien ne nous empêche bien sûr de l'informer du caractère plus ou moins spécifique du plat qu'on lui propose, mais de façon plus ouverte :

– « J'ai mis du paprika, tu me diras comment tu trouves... »

– « Est-ce que tu aimes quand ça pique un peu ? »

## Digérer les conflits entre enfants

Nous évoquions les repas comme des moments de retrouvailles. Mais ils peuvent également être l'occasion de chamailleries au sein de la fratrie. Plusieurs facteurs y contribuent : fatigue accumulée au cours de la journée de classe, besoin d'attention élective de la part des parents après huit heures de séparation et d'immersion dans l'anonymat du groupe scolaire, évacuation des tensions que les devoirs de fin d'après-midi n'auront pas manqué d'attiser...

Cela facilite rarement l'adhésion à ce que nous décrivions comme des activités collaboratives, car elles sont le plus souvent vécues comme des « obligations » familiales.

Évitez les remarques qui pourraient favoriser l'expression des tensions :

- « Ta grande sœur, elle, au moins, elle m'aide à mettre la table. »
- « Ton petit frère, lui, a déjà fini son assiette. »

Il n'est pas inutile de se rappeler que chaque être est unique. Comparer les enfants entre eux, pour les motiver à « s'améliorer », fragilise sur le long terme l'estime de soi. Ils deviennent souvent des adultes qui auront tendance à se juger par rapport aux autres, souvent en se dévaluant, sans s'appuyer sur leurs qualités propres.

En revanche, rien n'empêche de transformer ces activités participatives en jeux, où la compétitivité (différente de la comparaison) peut se révéler un moteur efficace :

– « Le premier qui a fini de débarrasser la table a gagné ! »

Avec des enfants qui se montrent sélectifs dans leur alimentation, rechignent à découvrir des plats inconnus et, à l'extrême, exigent uniquement leurs repas préférés au risque de faire une « crise », l'expression que l'on est alors tenté d'employer est bien souvent :

– « Goûte au moins une bouchée. »

Or, la plupart des parents vous le diront, pour l'avoir répété une multitude de fois, cette formule que l'on voudrait magique ne fonctionne pas ! En fait, pour l'enfant le terme « goûte » résonne probablement comme son opposé « dégoûte », voire lui fait imaginer « des gouttes » de toutes sortes de choses qu'il pourrait redouter.

Surtout, elle suggère qu'on présente à l'enfant quelque chose qu'il ne connaît pas et que potentiellement, donc, il pourrait ne pas aimer.

Aussi, il est plus convaincant de préférer des termes plus neutres :

– « Mange. »
– « Tiens. »
– « Dis-moi ce que tu penses de ce plat… »

Une alternative, plus en lien avec la réalité de l'enfant qui n'est pas dupe tout de même de la nouveauté, mais peut apprécier les jeux et les challenges :

– « Teste ! Tu ne peux pas encore savoir si tu aimes… »
– « Dis-moi à quoi cela te fait penser. »

Le succès de ces propositions tient en partie aux sous-entendus : « … tu aimes », ou, plus subtil, en demandant d'emblée à quoi cela lui fait penser, ou de quel plat cela se rapproche car on suppose qu'il n'y a aucun doute sur le fait qu'il va en consommer au moins une bouchée…

À éviter tout de même :
– « Mange ça, tu n'as pas le choix ! »

Car le caractère injonctif de la sentence risque de braquer plus que d'encourager à la découverte.

En revanche, l'idée de fixer un nombre limité de bouchées reste une bonne technique. Il suffit de l'adapter de façon ludique :

– « Choisis un chiffre entre 5 et 10… Donc tu manges x bouchées » (en fonction du nombre choisi).

Il sera dans ce cas judicieux de choisir un écart correspondant à ce qui vous semble la quantité minimale acceptable.

En arithmétique, cela peut donner :

– « Tu finis la moitié de l'assiette… »

Et pour les plus jeunes, ou les rêveurs :

– « Tu finis le collier de petits pois. »
– « Tu dévores au moins la pointe de la pyramide (de purée)… »

Le plus difficile est bien souvent d'initier les choses. Une fois que l'assiette est entamée, il n'est pas rare que notre petit·e aille jusqu'au bout. Et il n'est pas nécessaire de culpabiliser en se reprochant d'être trop laxiste : ce n'est pas céder que de trouver des compromis qui, plutôt que braquer l'enfant sur l'aliment, peuvent justement aider à sa découverte.

Certains parents s'étonnent que leur enfant, qui portait pourtant tout à la bouche quand il était encore nourrisson et s'était montré si enthousiaste pour les nouvelles saveurs au moment de la diversification alimentaire, puisse devenir si sélectif en progressant vers l'âge de raison. Le développement des sens, notamment de la gustation, explique ce processus : en devenant de plus en plus sensibles aux perceptions gustatives, les papilles se montrent aussi plus « déconcertées » par les nouvelles saveurs, et les enfants plus méfiants.

Il est donc rare, mais pas impossible, bien sûr, que les enfants soient spontanément portés vers la découverte d'aliments inconnus, quand il est si agréable de retrouver les goûts de ceux que l'on sait déjà apprécier.

Pour autant, il n'est bien évidemment pas pertinent de laisser l'enfant décider seul de ses repas. Car il est aussi question, en matière d'alimentation, d'éducation et d'éveil du goût, de la même façon qu'il s'agit d'entretien de la santé. Cela ne justifie pas pour autant qu'on l'affirme de la sorte. Transformez l'absence de choix, l'obligation, par la nécessité et l'intérêt qu'il·elle va y trouver :

– « Tu n'as vraiment plus faim, ou tu es pressé de prendre ton dessert ? »

– « Cela va te donner de l'énergie pour jouer, courir à la récré... »

En effet, pour les enfants ayant déjà une certaine connaissance du fonctionnement de leur corps, il peut s'avérer gagnant de préciser la fonction de chaque catégorie d'aliments : comment la « viande » ou les protéines vont lui permettre de fabriquer des muscles, combien les fruits sont des sources de vitamines et d'énergie (grâce au sucre qu'ils contiennent), ou le rôle des matières grasses comme réserves de carburant ou composants des cellules du cerveau... À ces intérêts fonctionnels que l'enfant pourra s'approprier (il pourra plus aisément sentir en quoi cela lui sera utile pour jouer ou s'adonner aux activités qui le concernent), nous pourrons alors associer le plaisir de manger, d'être ensemble, et toutes les autres fonctions qui nous semblent importantes.

Vous pouvez ainsi lui faire part de votre envie de lui faire « découvrir » ce plaisir, envie qui s'inscrit à la fois dans votre rôle de parent et votre mission de lui transmettre et faire partager votre expérience, mais également dans l'amour que vous avez pour lui.

### L'enfant en surpoids ou qui «mange trop»

La situation opposée pourrait concerner certains parents qui ne savent que dire à leur enfant lorsque celui-ci, sans forcément présenter des troubles du comportement alimentaire, a du mal à réfréner ses envies et mange au-delà de ses besoins.

– « Tu es sûr de vouloir en reprendre ? »
– « Attention, tu vas encore prendre du poids. »

La fonction de ces messages est évidemment de chercher à réfréner l'enfant dans son comportement hyperphagique. Mais ils ont bien souvent l'effet inverse. Ne parlons pas des remarques plus humiliantes encore, comme :

– « Tu manges comme un·e cochon·ne. »
– « Tu crois que tu n'es pas assez gros·se comme ça ! »

Ces critiques agissent à l'encontre de ce qu'elles voudraient favoriser. En effet, les ressentis douloureux qu'elles provoquent (sentiments de honte, de culpabilité, d'impuissance à se contrôler…) renforcent les comportements boulimiques. Car se faire plaisir en mangeant s'avère un bon moyen (inconscient) d'apaiser ces contrariétés, de compenser le mal-être et de masquer les émotions désagréables.

L'expérience montre que ce qui fonctionne le mieux est, à l'inverse, ne pas se focaliser sur les quantités qu'il·elle consomme, et l'aider plutôt à prendre son temps et à savourer chaque bouchée.

– « À ton avis, j'ai utilisé quelles épices dans ce plat… ? »
– « Prends ton temps pour manger »
– « On a tout notre temps. »
– « Le plat suivant n'est pas encore prêt… »

Il est possible de suggérer à l'enfant de poser sa fourchette régulièrement, lorsqu'il·elle nous raconte sa journée ou nous parle de ce qui lui tient à cœur.

L'interroger sur sa faim également peut faire partie des questions auxquelles on a recours :

– « As-tu encore faim, ou est-ce que ça te fait envie parce que c'est trop bon ? »

Si la remarque semble assez proche de celle que nous citions plus haut (« Tu es sûr de vouloir en reprendre ? »), la nuance porte sur le fait que, d'une part, en interrogeant sa faim on l'aide à mieux percevoir la sensation de satiété, et que, d'autre part, en plaçant l'aliment au centre de la tentation, cela risque moins de le·la culpabiliser, comme pourrait le favoriser l'idée qu'il·elle n'arrive pas à maîtriser son désir de se resservir. Cette interrogation souligne également le fait qu'on n'a pas à rougir d'être gourmand ; quand un aliment est bon, cela peut stimuler l'envie de se resservir, et il s'agit avant tout d'apprendre à différer et à attendre :

– « Il en restera pour demain. »

… est alors une expression qui peut l'aider à maîtriser sa compulsion.

## LES APPRENTISSAGES

L'école, les devoirs et, d'une façon générale, tout ce qui touche aux apprentissages, sont souvent le lieu de préoccupations, voire de tensions, plus ou moins affirmées. Le sujet n'est pas seulement au cœur des discussions entre parents, il est également celui qui revient le plus souvent dans les échanges entre parents et enfants dès lors que ceux-ci ont fait leurs premiers pas à l'école. Indépendamment des thèmes abordés et du contenu même des discussions, il paraît intéressant de porter le regard sur les expressions utilisées pour véhiculer le message que l'on veut transmettre.

Que ce soit lorsqu'on surveille les devoirs ou plus généralement quand il s'agit de commenter la vie ou le travail scolaire, une évolution de notre champ lexical est bien souvent nécessaire.

Les phrases à éviter :

Pour encourager ou motiver son enfant :

– « Tu pourrais faire des efforts/Fais un effort ! »
– « Concentre-toi. »
– « C'est important que tu travailles bien à l'école si tu veux avoir un bon métier plus tard… »
– « Tu es encore sur cet exercice ? !… »

Quand l'enfant rencontre des difficultés scolaires :

– « C'est de la faute de la maîtresse… »
– « Tu n'es pas fait pour les études » (ou « il n'est pas fait pour les études » quand il est témoin de ce qu'on dit de lui.)
– « Qu'est-ce que tu vas devenir/Que va-t-on faire de toi ? »

Voici quelques éclaircissements qui vous permettront de comprendre que ces réserves ne sont pas que des préoccupations de psy trop bienveillant. Alors que l'adulte cherche à motiver l'écolier, souvent il utilise des expressions qui, par ce qu'elles vont suggérer, vont plutôt braquer inconsciemment l'enfant ou l'adolescent.

« Fais des efforts ! »

L'injonction, ainsi formulée, sous-entend que l'enfant justement n'en fait pas ou manque d'acharnement, et qu'en tout cas l'adulte ne voit pas les efforts réalisés. C'est, en soi, une critique que l'enfant perçoit bien comme un reproche, ce qui, nous l'expliquerons plus tard, inhibe en partie sa volonté ou son envie de faire ses devoirs. D'autant qu'il a souvent, lui, l'impression de se donner au maximum. Et de fait, quel critère objectif avons-nous pour affirmer qu'il a manqué d'ardeur ? L'estimation de la mobilisation des capacités nécessaires à la réalisation d'une tâche est essentiellement subjective. Ce qui pour certains va demander de la sueur et des larmes peut tout à fait être pour d'autres un exercice d'une grande simplicité.

Une règle simple : nous sommes capables des plus grands efforts s'ils sont portés par une volonté associée à l'impression, justement, de ne pas faire d'efforts – au regard, bien sûr, du plaisir qu'on en retire. Cette compétence, nous l'avons tous mise à l'épreuve et notamment dans la toute petite enfance, à une période de notre vie où les notions de jeu et d'expérimentation l'emportaient sur celles de devoir ou de travail. Exactement comme lorsque nous réussissions, tout nourrissons encore, à nous hisser sur nos jambes pour franchir debout les quelques mètres qui nous séparaient de notre mère (ou du jouet tant convoité) : or les études montrent que, rapporté au poids du corps et à la faiblesse de ses muscles, le bébé effectue un effort cinq fois supérieur à celui que nous réalisons, adultes, lorsque nous faisons quelques pas en forêt... Simplement, le désir de découvrir ou d'apprendre (que l'on nomme la pulsion épistémophilique) est tel qu'il stimule la volonté et incite à l'effort.

C'est pour cela que des phrases qui centrent davantage l'attention sur les forces qu'il sera nécessaire de mobiliser, pour surmonter ou résoudre ce qui devient alors un obstacle ou un problème, peuvent parfois être plus frénatrices que stimulantes. Et cela d'autant plus qu'elles laissent supposer, par la même occasion, que l'enfant n'y met justement pas, ou pas suffisamment, du sien.

Aussi, choisissez plutôt des propositions encourageantes comme :

– « Je sais que tu peux faire plus... »

– « C'est bien, cela pourrait être (encore) mieux avec ceci ou cela... »
– « Que pourrais-tu ajouter pour compléter la réponse ? »
– « Allez ! Un exercice de plus pour la forme ! »
– « Quand tu auras terminé cet exercice, nous pourrons faire une pause-jeu, lire une histoire, ou aller danser la gigue ! » (Pour les enfants hyperactifs qui ne peuvent rester que peu de temps assis à leur bureau.)

« Concentre-toi »...

... est une variante de ces expressions démotivantes qui ajoutent à la pression de la confusion. Il n'est pas facile en effet de se concentrer, car, à la différence de l'attention qui est une fonction naturelle, la concentration demande un effort et suppose que l'enfant a développé la capacité à le faire. C'est une fonction qui s'apprend, comme on apprend à marcher ou à parler, et plus tard à lire ou à écrire. Elle correspond à la possibilité de centrer sur des stimuli choisis, sans se laisser distraire par d'autres informations, l'essentiel de son attention. Or, c'est la répétition de séquences d'attention focalisées sur un objectif donné, dont la durée va augmenter avec le temps et la pratique, qui permet le développement de cette compétence. À chaque fois que l'enfant fait ses devoirs, il accroît un peu plus cette habileté, mais la durée nécessaire ne sera pas la même s'il débute sa vie d'écolier (en primaire) ou s'il est déjà un collégien confirmé. Soulignons à ce sujet qu'il existe, à l'inverse, des outils qui peuvent nuire à ce développement, comme l'utilisation trop précoce des écrans (ordinateurs pour enfants et tablettes tactiles), car ils agissent comme des « aspirateurs d'attention ». Cette dernière est captée du fait des stimulations cognitives que génèrent ces appareils. Essentiellement bisensorielles, elles stimulent vision et audition, laissant de côté les trois autres sens et surtout la motricité et les perceptions plus corporelles de l'enfant, et ne lui demandent aucun entraînement, essentiel pourtant au développement de toutes les fonctions cognitives. Personne ne devient champion de foot ou virtuose du violon en se contentant de regarder la télévision.

À l'inverse, l'attention est une fonction naturelle du cerveau qui consiste à centrer l'activité mentale sur un nombre limité de stimulations en fonction des sollicitations environnantes. Ainsi, l'attention sera d'autant plus labile et prompte à sauter d'un sujet à un autre, en fonction de leur attractivité et des stimulations environnantes, que l'individu n'aura pas exercé sa capacité à centrer et recentrer son attention sur un point précis et à l'y maintenir, en faisant abstraction des signaux périphériques. Il est ainsi aisé de comprendre que pour un enfant stressé par ses devoirs, ajouter des sollicitations – ce que l'on fait quand on lui demande de se concentrer – et l'interpeller pendant qu'il essaie de le faire ne peuvent que le déconcentrer !

Plutôt que de lui demander de se concentrer, aidez-le à le faire avec des demandes plus spécifiques, l'encourageant à centrer son attention :

– « As-tu bien lu ceci... »

– « Sois attentif à cela… »

En identifiant le point sur lequel l'enfant doit focaliser son attention, on l'aide à relativiser l'importance de toutes les autres informations dont il est entouré et l'on soutient vraiment le développement de ses capacités à se concentrer. Dans le même temps, on suggère qu'il a les moyens de le faire, sans remettre en question ce qu'il est déjà en train d'élaborer.

Dans un autre registre, la motivation par les projections sur un futur n'est pas non plus pertinente :

« C'est important que tu travailles bien à l'école si tu veux avoir un bon métier plus tard… »

Je ne sais combien de fois il m'est arrivé d'entendre cette phrase, adressée à de jeunes enfants avec l'idée de les encourager dans leur scolarité. Or, si le conseil se veut bienveillant, il n'en est pas moins mal adapté.

La première raison en est le rapport au temps de l'enfant, qui n'est pas le même que le nôtre. Parler d'un avenir aussi lointain n'a aucun sens : il correspond en effet bien souvent à plus du double de ce que ce jeune être a tout juste vécu (un enfant de dix ans n'entrera pas, a priori, dans la vie professionnelle avant ses vingt ou trente ans… Faites le parallèle : vous seriez bien en peine, vous-même, si l'on vous demandait d'imaginer votre avenir dans trente ou quarante ans !). Ce « plus tard » ou « quand tu seras grand » le projette dans une dimension au pire angoissante, au mieux surréaliste : il contribue, à l'inverse de ce qu'il est censé favoriser, à parasiter encore plus les apprentissages scolaires, en leur retirant tout leur sens. En effet, beaucoup d'enfants en difficulté scolaire sont des enfants qui n'ont pas compris pour quelles raisons ils devaient aller en classe. Or, et on ne le dira jamais assez, l'enfant ne va à l'école ni pour « travailler », ni pour y apprendre un métier. Les apprentissages qu'il y fait sont des devoirs, des leçons, à tout le moins des « travaux scolaires »..., et le travail, rappelons-le sur le mode de la boutade, en principe « mérite salaire », de même qu'il est interdit aux enfants par la législation française !

En effet, l'enfant va à l'école pour y développer des savoirs, apprendre à lire, à compter, à écrire, y recevoir des connaissances sur le monde, l'histoire, les êtres vivants, les sciences, mais surtout, apprendre à apprendre, apprendre à comprendre et à se concentrer, apprendre à se connaître et à connaître ce et ceux qui l'entourent pour mieux appréhender le monde et y trouver sa place... C'est ainsi que se développe son goût de l'effort, que le plaisir de réussir viendra soutenir. Alors effectivement, plus tard, quand il·elle sera adolescent·e, jeune adulte, femme ou homme mûr·e, se posera la question d'une profession. Mais plus tard !

De plus, la notion de « bien travailler » est elle-même floue : est-ce qu'un enfant qui a de bons résultats sans avoir besoin de repasser de nombreuses fois ses leçons ou de faire ses devoirs, du fait de ses dispositions intellectuelles naturelles, « travaille bien » ? Et doit-on, à l'inverse, considérer qu'un autre, qui, au prix de révisions acharnées, de travaux scolaires importants ou de longues heures de prostration sur ses cahiers, peine à obtenir des résultats probants, lui, ne travaille pas bien ?...

Par conséquent, préférez des expressions qui le motivent vis-à-vis de ses apprentissages présents, et valorisent ce qui est effectivement réalisé, indépendamment des notes obtenues :

– « Prends le temps de faire les exercices... (pour bien comprendre ce que tu apprends là). »
– « Refaisons cet exercice, il semble qu'il n'ait pas été bien compris. »
– « N'hésite pas à poser des questions. »

Voici, pour aborder de façon plus générale la question des devoirs et encourager son enfant à se mettre à ses leçons, quelques expressions à employer sans hésiter :

– « Commence par ce que tu sais. »
– « J'aime te voir apprendre. »
– « Dès que tu auras compris, tu verras comme cela te paraîtra facile. »
– « Tu n'y es pas arrivé pour l'instant... »
– « Tu as du temps pour progresser. »

Nous avons la possibilité de motiver un enfant en agissant sur deux axes différents.

Le premier le concerne directement : il s'agit de l'aider à façonner une image positive de lui-même. Ce qu'il est possible de faire en suggérant qu'il sait forcément des choses, sur lesquelles il peut s'appuyer pour progresser, comme en lui rappelant tous ses succès, les expériences réussies comme celles qui lui ont demandé davantage d'efforts, mais dont il est finalement venu à bout. Dans le même ordre d'idées, vous pouvez l'aider à s'imaginer en situation « d'apprenant » : apprendre est un processus permanent et propre aux êtres humains que nous sommes. Lui rappeler que tout s'apprend – marcher, parler, comme lire, jouer ou faire du vélo –, que l'on ne vient pas au monde en sachant tout, et qu'il a donc – comme tout le monde – ce pouvoir de se cultiver et de s'instruire.

Le second concerne la tâche en elle-même, dont il convient de relativiser la difficulté, soit par le temps (« pour l'instant, ça ne te semble pas facile », suggérant que plus tard cela deviendra possible), soit par la progression (« petit à petit », « ça se construit », « tu progresses »...).

« C'est de la faute de la maîtresse si... »

Un ami enseignant me répète souvent que le temps est loin où les professeurs étaient considérés, notamment par les parents, de même qu'est révolue l'époque où leur parole et leurs enseignements étaient respectés. Je l'encourage toujours à relativiser son jugement en fonction de la réalité des différents parents qu'il côtoie. Pour autant, il est probable que le regard de la société sur l'école ait évolué, et qu'un meilleur accès aux connaissances (grâce à Internet, entre autres), la diversification des méthodes d'apprentissage, l'aspect parfois immobiliste de l'institution scolaire contribuent à favoriser un regard parfois sévère sur cette dernière et sur ceux qui y exercent, les enseignants.

Quentin est un enfant qui a développé un blocage devant les apprentissages. Alors qu'il est intarissable sur la préhistoire, que les hominidés qui ont précédé l'homme moderne n'ont aucun secret pour lui et qu'il peut expliquer sans hésitation la disparition des dinosaures, ses résultats scolaires sont catastrophiques. Il peut réciter sans se tromper toutes les dynasties qui se sont succédé au cours de l'antiquité égyptienne ou les guerres intestines qui les ont anéanties, mais il est incapable de répondre à un contrôle d'histoire ou de géographie. Alors qu'il est volubile à la maison, utilisant un vocabulaire tout à fait adapté pour un enfant de son âge (il a sept ans), ses cahiers, comme les copies qu'il remet, sont noircis d'une écriture brouillonne, raturés et truffés d'erreurs d'orthographe et d'inattention. Quentin adore le dessin, qui lui permet de représenter sur papier les machines extraordinaires qu'il imagine en s'appuyant sur les rudiments de physique glanés dans les bandes dessinées et les romans futuristes dont il se nourrit, au détriment des jeux avec ses camarades de classe. Ses relations avec les autres sont, par conséquent, ténues et tendues, et il semble souvent à l'origine de conflits et de bagarres dans la cour de récréation, au prétexte que les autres « se moquent de lui ».

Interrogé sur ces paradoxes, le père est catégorique : « C'est de la faute de la maîtresse ! Elle ne sait pas s'en occuper, elle lui donne toujours tort et ne sait pas s'adapter alors qu'il est surdoué. »

En fait, les différents bilans psychologiques et les évaluations psychométriques réalisés ne mettent pas en évidence de surdouance ni de précocité chez Quentin. C'est un enfant normalement intelligent, mais peu sûr de lui et en difficulté avec l'autorité. Les tests projectifs (ceux qui évaluent la personnalité) révèlent une grande fragilité narcissique, un manque de confiance en soi et une certaine anxiété de performance. Cela correspond à une peur prononcée d'échouer qui favorise l'évitement. En somme, Quentin préfère ne rien faire à courir le risque de se tromper, et mobilise toutes ses capacités d'apprentissage dans ce qu'il connaît et maîtrise, au détriment de domaines de connaissance qu'il évite de découvrir. Il a donc beaucoup de connaissances sur les sujets qui le passionnent (ce qui ne fait pas pour autant de lui un surdoué) et très peu dans ceux qu'il esquive (ce qui ne fait pas non plus de lui un idiot). La situation s'est d'autant plus tendue qu'il est perçu par l'enseignante et ses camarades comme un enfant qui « ne veut faire que ce qu'il veut », quand il faudrait comprendre plutôt « que ce qu'il peut » (sans être bloqué par la peur de ne pas y arriver...). De son côté, Quentin a le sentiment (entretenu par le discours de son père) que la maîtresse « est méchante » et qu'elle cherche à le piéger en lui demandant des choses qui sortent de ses domaines de compétence, ce qui renforce encore sa peur de se tromper...

**Que dire quand c'est l'enfant qui se plaint de sa maîtresse?**

L'expérience montre que toutes les situations peuvent se rencontrer, de l'enseignante qui effectivement a conçu, quelles qu'en soient les raisons, de l'antipathie envers l'élève et la lui fait ressentir, à l'écolier qui est convaincu – à tort – que l'adulte lui en veut et que ses (mauvaises) notes, comme les réprimandes dont il se sent victime, sont l'expression de cette animosité. Il est toujours pertinent de faire un point avec l'enseignant·e. Dans ce cas-là également, il est bien souvent préférable de rester neutre.

Françoise Dolto, toujours prompte à manier les paradoxes comme pirouettes résolutives, conseillait de rassurer les enfants en leur faisant remarquer l'avantage qu'il y a à ne pas supporter son enseignant·e : cela encourage à bien étudier, pour voir le temps passer plus vite et rapidement accéder à la classe supérieure. Car changement de classe entraîne changement de professeur·e ! Qui plus est, cela permet de ne pas être triste de le·la quitter, comme cela arrive parfois avec une maîtresse ou un maître que l'on a trop apprécié·e.

D'une façon générale, il y a quelques phrases que l'on utilise souvent bien qu'elles soient plutôt à éviter :

- « Les autres, ils ont eu quelles notes ? »
- « Avec cette moyenne, tu te situes à quel niveau dans la classe ? »

Effectivement, ce type de questions équivaut à demander implicitement à l'enfant de se comparer aux autres élèves.

Si pouvoir situer l'élève, par rapport à des repères constitués de ce qu'un enfant doit savoir en fonction de sa tranche d'âge, comporte effectivement un intérêt pour l'adulte (le·la professeur·e qui peut ainsi adapter son enseignement à chacun, ou les parents qui ont besoin d'être associés au parcours scolaire), dans l'absolu, l'enfant étudie et apprend pour lui-même. Chaque enfant investit, apprécie ou déteste, comprend, intègre, différemment selon les matières, et toute comparaison est donc dérisoire. De plus, son avenir sera de toute façon différent de celui des autres, et sans lien forcément avec son parcours scolaire. En revanche, cela peut favoriser certains a priori chez lui, comme se croire moins bon ou meilleur que les autres, ou tout aussi bien renforcer vis-à-vis de l'enseignant·e le sentiment d'injustice et les ressentiments que nous évoquions précédemment : ce système de comparaison « n'est-il pas la preuve qu'il·elle fait des différences, et n'attribue les bonnes notes qu'aux autres, à ceux qu'il·elle préfère ? »

## LES MOTS DE LA MALADIE

Dès sa naissance, l'état de santé d'un enfant va subir des variations plus ou moins importantes et plus ou moins naturelles (suivant des transformations ou des altérations dues à la nature évolutive même du corps ou de l'esprit de l'être humain) ou pathologiques (en fonction des attaques de l'extérieur – bactéries, virus, accidents… – ou des défaillances de cet organisme fragile qu'est l'homme). Les parents auront alors la charge de trouver les bonnes réponses : thérapeutiques, bien sûr, concernant les soins qui guérissent ou soulagent, mais également les mots qui expliquent et qui rassurent.

En grandissant, l'enfant prend conscience de lui-même, de son corps et des états que celui-ci traverse. Ce que peuvent dire les parents vient alors étayer, conforter ou contredire ce qu'il peut en concevoir.

Beaucoup d'expressions ont tendance à suggérer que l'enfant pourrait être responsable de sa maladie :

– « Il *m*'a fait une angine. »
– « Elle m'a refilé *sa* grippe. »
– « Tu es tombé malade parce que tu ne t'es pas assez couvert. »

Effectivement, chacun peut faire preuve de négligence – sortir les cheveux mouillés ou pas assez couvert en hiver – ou prendre des risques ou s'exposer à des dangers qui peuvent nuire à la santé ; mais, généralement, aucun enfant ne choisit délibérément de tomber malade. Il n'est donc pas nécessaire de l'en culpabiliser. Le froid, l'imprudence, la fatigue... sont des facteurs qui fragilisent l'individu, mais les responsables restent les bactéries ou les virus qui attaquent l'organisme, les pierres sur lesquelles on s'écorche le genou, ou la paire de ciseaux qui aurait été mal utilisée. Par ailleurs, le désagrément dans lequel plonge la maladie est une sanction suffisante pour qu'on n'ait pas besoin de lui en adjoindre de supplémentaires. J'ai pourtant connu des enfants punis pour n'avoir pas mis leur manteau, ou pour s'être blessés en jouant ou par manque d'attention.

**Les maladies chroniques**

Elles soulèvent quant à elles une réflexion particulière.

Elles concernent en effet des pathologies qui évoluent sur le long terme, nécessitant des traitements souvent longs et contraignants, parfois lourds, et pour des durées de plusieurs années, quelquefois à vie.

Les expressions prononcées, dans un but de soutien ou d'encouragement, suggèrent souvent qu'il faut combattre la maladie.

– « On va se battre jusqu'au bout ! »

Or, s'il est possible de combattre les virus ou les bactéries, il est plus compliqué de lutter contre ses propres cellules. En effet, qu'il s'agisse du diabète (lié au défaut de sécrétion d'une molécule particulière, l'insuline), de certains cancers (où des cellules se mettent à proliférer en excès) ou de ces maladies que l'on dit orphelines (à l'exemple des maladies auto-immunes, dans lesquelles ce sont les défenses de l'organisme qui attaquent ses propres cellules), c'est le corps de l'enfant qui dans ces situations-là est défaillant. Il n'est donc pas forcément cohérent d'avoir recours à ce vocabulaire guerrier. Il me semble plus pertinent de suggérer des alternatives comme « endormir la maladie » ou « en faire son alliée pour rester le·la plus fort·e ». Car, même si pour certaines, heureusement, il est possible de maintenir une vie tout à fait ordinaire, ce sont des pathologies qui communément ne se guérissent pas. Certaines sont en rémission, d'autres très bien contrôlées par un traitement équilibré ; mais, si l'armistice est signé, il n'y a pas forcément de paix définitive. Ce dont l'enfant peut avoir conscience. En évitant toute idée de combat à gagner, on lui épargne le sentiment d'impuissance et d'échec, que la maladie chronique a quand même tendance à favoriser.

## LES MOTS DE LA MORT

Il existe, pour évoquer la mort avec les enfants, tout un vocabulaire « choisi » qu'il n'est pas facile de remettre en question, tant il appartient au langage courant de certains, et tant il est associé à l'idée que parler (trop) directement de la mort avec les plus jeunes risquerait de les traumatiser.

- « Il est parti... »,
- « Il a rejoint les verts pâturages »,
- ou encore « Il nous a quittés », pour parler du vieil oncle décédé depuis peu, sont autant d'expressions fréquemment utilisées.

Or ces formules peuvent faire planer un doute chez les jeunes enfants. Il faut pour cela rappeler que la notion de mort va se préciser progressivement. Si jusqu'à deux ans, le plus souvent, les tout-petits n'ont aucune représentation de la mort, entre deux et quatre ou cinq ans l'idée de la mort est de plus en plus nette, mais sans que pour autant ses conséquences directes soient toujours bien perçues. Ainsi, pour la plupart, elle est comprise comme quelque chose de provisoire, voire de réversible. L'information « il est parti » peut alors vraiment provoquer des réactions émotionnelles inattendues, comme de la colère et de l'incompréhension vis-à-vis de celui qui est parti sans prévenir, voire être associée à l'idée qu'il va revenir et plonger l'enfant dans l'attente désespérée d'un retour qui ne lui permettra jamais de faire son deuil.

À l'instar d'Yvan, un patient adulte qui suit une thérapie depuis plusieurs années, en raison d'une dépression saisonnière. Chaque année, alors que le printemps se profile, et qu'a priori les beaux jours reviennent, il plonge dans une humeur maussade, où la tristesse, sans raison apparente, se mêle à un pessimisme et à un dégoût de tout. S'il a fait le lien avec la date du décès de sa mère, il ne comprend pas que cela puisse encore l'affecter, alors qu'il n'avait que six ans à l'heure de sa mort et qu'il « serait bien temps de faire son deuil ». Des séances d'hypnose l'ont aidé par la suite à exhumer l'origine de ces sentiments profonds et inconscients, ancrés dans l'enfance, et qui ressurgissent chaque fois que son corps revit les mêmes sensations : l'allongement des jours, le retour du beau temps, la vie qui reprend dans le jardin, l'approche des vacances et, mâtinée de colère et de culpabilité, l'attente, toujours déçue, de celle qui ne revient pas.

---

À ces réserves s'associent également certaines croyances religieuses qui vont s'appuyer sur des métaphores sibyllines :

– « Il est parti pour des horizons meilleurs. »
– « Il a rejoint l'autre monde. »
– « Elle est au ciel... »

Il ne s'agit bien évidemment pas de remettre en question des convictions philosophiques ou religieuses, mais de souligner que, dans le registre religieux, des expressions comme « elle a rejoint le Seigneur, il est au paradis... » seront plus pertinentes en raison de leur dimension conceptuelle ou idéale que celles qui peuvent suggérer une interprétation concrète, comme la localisation dans le ciel, donnant une vision plus tangible et parfois inquiétante (puisque l'enfant voit tous les jours le ciel au-dessus de sa tête et qu'il peut fantasmer toutes sortes d'idées : chercher à retrouver dans les nues l'être disparu, s'imaginer épié...).

---

Norma est une enfant de cinq ans qui a développé des TOC (troubles obsessionnels compulsifs) après son entrée au cours préparatoire. Les symptômes prennent essentiellement la forme de lavages de mains compulsifs, notamment quand elle rentre de l'école ou de toute activité extérieure (plusieurs fois de suite ou pendant de longues minutes, en arguant qu'il reste toujours un peu de saleté). Mais elle ressent également une certaine inquiétude à respirer trop fort, dans la cour de récréation, après avoir couru ou quand elle s'amuse de façon trop expansive, et une peur plus générale de la poussière, avec la crainte particulière d'en aspirer. Les troubles se sont par la suite aggravés à l'automne, avec la survenue d'une peur phobique de la pluie... Appliquée à l'école, obéissante à la maison, Norma est présentée comme une enfant n'ayant jamais eu de problèmes particuliers, jusqu'au décès de son grand-père, auquel elle était très attachée, survenu cet été-là. Après une période de grande tristesse, elle s'est mise à poser beaucoup de questions, devant lesquelles ses parents, eux-mêmes très abattus par cette perte, ne savaient pas toujours comment répondre.

– « Penses-tu que du ciel il puisse me voir ? Au paradis, a-t-il retrouvé Bambi ? » (Le petit hamster qui n'avait pas survécu aux stress de la vie d'une famille nombreuse.)

C'est au cours d'une séance au cabinet où ses parents s'étaient résolus à la conduire que le mystère de ses angoisses s'est éclairci : sur un dessin très coloré, Norma représente sa maison, l'école, les arbres du parc où elle joue les fins de semaines avec sa grand-mère, et que surplombent un soleil rayonnant et quelques nuages bleu azur. Puis, spontanément, elle se met à ponctuer le ciel de petits points gris. À la question faussement naïve que je lui pose : qu'est-ce donc? La réponse est sans équivoque :

– « Ben, c'est papy ! »

Comment avait-elle appris que son grand-père avait été incinéré? Des mots glanés derrière une porte, des échanges captés à l'insu des parents? Toujours est-il qu'elle avait fait dans son esprit d'enfant un étrange amalgame entre son ascendant « monté au ciel, parti en fumée », les poussières que charrie le vent, « les saletés » qui peuvent souiller les mains et les gouttes de pluie qu'apporte invariablement l'arrière-saison.

De cette découverte découla une « thérapie » toute simple : après qu'on a expliqué à Norma plus concrètement les choses, notamment en lui parlant de l'urne où sont conservées les cendres, et qu'on l'a emmenée au colombaire où l'urne est entreposée (ce que ses parents avaient jusqu'alors hésité à faire, la pensant trop jeune pour cela, et se trouvant sans doute eux-mêmes inquiets de leurs propres réactions devant leur fille), les symptômes se sont estompés.

Plutôt que lister les mots ou les phrases à éviter, il est possible de rédiger les grandes lignes de la façon de parler de la mort avec les enfants :

Une première consigne est de ne pas éviter le sujet lorsqu'il se présente : à la mort d'un proche, lorsque se déclare une maladie incurable qui affecte un membre de la famille, et surtout dès que les remarques ou les attitudes de l'enfant traduisent ses préoccupations à ce sujet. Le silence ou les faux-fuyants pourraient donner l'impression que cela recouvre quelque chose de dangereux, de honteux ou d'inavouable.

Cependant, que ce soit parce que vous ne savez comment en parler, parce que vous craignez votre réaction, celle notamment de vous effondrer vous-même en larmes, n'hésitez pas à évoquer cette difficulté :

– « Il est arrivé quelque chose de grave, mais je ne sais pas comment te le dire. » Et confiez la tâche au proche que vous sentez suffisamment solide pour s'en charger.
– « Je suis trop triste pour en parler, mais ton parrain, tatie... va t'expliquer... »

Une autre suggestion porte plus directement sur le vocabulaire à employer : préférez toujours des mots simples, mais vrais et concrets, des mots que l'enfant comprend en fonction de son âge et de son niveau de connaissance. Parlant du mort, il est possible de dire qu'« il ne vit plus », c'est-à-dire qu'il ne sent ni ne ressent plus rien (ni ce qui fait du bien ni ce qui fait du mal), qu'il n'entend pas, ne voit pas, ne respire pas (ce qui avait pu rassurer Marius, un autre de mes jeunes patients, qui, s'inquiétant que l'on enterre sa grand-mère, avait demandé à son père : « Elle va être toute seule... tu crois qu'elle n'aura pas trop peur dans le noir... »).

Car il sera aussi important, avant de se lancer dans de trop laborieuses explications, d'être à l'écoute des remarques explicites ou des questions masquées qui pourraient faire écho à votre première annonce. Des réponses courtes, associées au temps nécessaire pour les digérer, sont à privilégier, et il sera sans doute également nécessaire d'en rediscuter, par petites touches, à plusieurs reprises. Car il n'est malheureusement pas possible de se débarrasser de cette lourde charge en une fois en se rassurant par un « c'est dit, une bonne fois pour toutes ».

Un autre élément reste cependant fondamental : évitez à tout prix les allégories ou les circonlocutions pouvant prêter à confusion. Nous l'évoquions au sujet des expressions désignant le « dernier voyage », c'est tout aussi valable pour les comparaisons mal à propos, comme celles qui associent la mort au sommeil, quand bien même il s'agit du « repos éternel » :

– « Il s'est endormi pour toujours. »
– « Elle a rejoint le pays des rêves. »
– « Elle a gagné le repos éternel. »
– « Il a fermé ses paupières à jamais. »

Tous les enfants n'éprouvent pas de difficulté à aller se coucher, mais associer la notion de mort au sommeil peut générer des craintes vis-à-vis de l'endormissement, en induisant la peur de ne plus se réveiller. À l'inverse, on retrouve aussi parfois, dans les symptômes secondaires à ces malencontreux euphémismes, un repli dans le sommeil associé au désir de ne plus se réveiller avec l'espoir de retrouver le·la disparu·e.

Il n'est pas toujours facile de trouver le bon moment pour annoncer l'inéluctable. Dans le cas de maladies incurables, de cancers ou d'accidents mortels laissant l'individu dans le coma, il est prudent de ne pas dire les choses trop précocement. Car la perception que l'enfant a du temps est différente de celle de l'adulte – il s'écoule plus lentement – et l'attente entre l'annonce d'une mort prochaine et inévitable et le décès réel peut s'avérer très angoissante lorsqu'elle dure plus que ce que l'on peut craindre. Il s'agira donc de trouver le juste compromis, ou, à défaut, de garder en tête qu'il reste préférable, notamment lorsque la nouvelle a été partagée au sein de la famille ou des proches, de ne pas laisser l'enfant trop longtemps dans l'ignorance, pour éviter de favoriser chez ce dernier le sentiment d'avoir été oublié ou exclu d'une épreuve de vie familiale importante.

### Expliquer la mort

Sans préjuger de quelconques convictions philosophiques ou religieuses, voici quelques expressions qui aident à parler de la mort de façon adaptée à la sensibilité de l'enfant.

La définition de la mort la plus simple et la plus réaliste est sans doute celle que proposait Françoise Dolto :

– « On meurt quand on a fini sa vie. »

Il sera cependant plus précis d'ajouter :

– « C'est quand tout le corps cesse de fonctionner, il ne ressent plus rien ; il ne respire plus et le cœur ne bat plus, l'esprit ne pense plus… »

Cela permet de répondre à une première interrogation, qui touche au caractère inéluctable et universel de la mort, à savoir qu'elle concerne tous les êtres « vivants », les plantes comme les animaux, les gentils comme les méchants, les personnes âgées, mais parfois les plus jeunes, les malades, comme accidentellement les bien-portants, et de préciser qu'il s'agit d'un processus biologique et non d'une sanction :

– « Oui, tous les êtres vivants meurent un jour, justement parce qu'ils ont la chance d'être vivants. Les objets, par exemple, ne meurent pas : on peut les casser, les réparer, ils peuvent s'arrêter de fonctionner, mais comme ils ne vivent pas, ne pensent pas et ne ressentent rien, ils ne décéderont jamais… »

Je me souviens du rêve que m'avait raconté un jeune adolescent suivi quelques années en thérapie pour une phobie scolaire l'empêchant de sortir et le clouant à sa chambre.

Le cauchemar (ainsi l'avait-il initialement dénommé) retraçait sa rencontre avec un alchimiste qui lui proposait la recette d'un breuvage conférant la vie éternelle. À l'issue de moult péripéties, le jeune homme confectionnait la mixture et avalait la potion. Il s'en suivait alors un long processus de transformation corporelle au cours duquel ses extrémités, orteils, pieds, bras, mains, doigts... s'étiraient vers le sol, se transformant en racines, et s'y enfonçaient profondément, au fur et à mesure que s'amorçait un phénomène de pétrification. Avant que le rêve n'ait le temps de fossiliser totalement son corps – seul moyen par lequel le bois peut défier les temps historiques –, il se réveilla en sueur, haletant et agité, résolument décidé à vivre sa vie.

– « La mort touche d'abord les personnes très âgées ou très malades, mais elle concerne tout le monde, ce n'est pas une punition, elle ne frappe pas que les méchants. »

Et l'on pourra aussi se montrer rassurant en précisant que :

– « Avant que cela n'arrive, chacun a le temps de vivre ce qu'il a à vivre et cela peut être dans très longtemps, car les humains peuvent vivre jusqu'à cent ans et parfois plus ! »

De même que l'on pourra insister sur notre fonction parentale :

– « Mon rôle de parent est aussi de te protéger et de t'apprendre à faire ce qu'il faut pour rester le plus longtemps possible en bonne santé. »

Autre exemple de réponse concrète, celle que l'on peut proposer à la question « où on va après la mort ». Selon l'âge de l'enfant ou ses préoccupations, on pourra expliquer que :

– « Les morts sont logés dans des cimetières. »
– « Après la mort, le corps, qui n'a plus besoin de respirer ou de manger et ne ressent plus rien, se décompose et se mélange à la terre dans laquelle on l'a placé, et cela pourra servir à redonner la vie à travers les plantes et les animaux qui se nourriront de ces végétaux… »

Si l'on veut vraiment être exhaustif, on pourra préciser que « certains préfèrent que le corps soit transformé plus rapidement en cendres : c'est l'incinération ».

Cela ne vous empêche pas, bien évidemment, d'évoquer vos convictions philosophiques ou religieuses, ni de préciser celles auxquelles d'autres peuvent adhérer même si vous ne les partagez pas, car il·elle pourrait en entendre parler à l'école. Ainsi peut-on expliquer, par exemple, que :

– « Certains (et nous en faisons partie – ou non) pensent qu'il existe une âme qui anime ce corps quand il est vivant, et qui le quitte une fois mort pour rejoindre un dieu ou pour donner vie à un autre corps qui viendrait à naître… »

## LES MOTS CONCERNANT LE CORPS

### Le corps de l'enfant

Très tôt, l'enfant découvre son corps et les parents vont

accompagner cette connaissance de soi en précisant les noms des parties ainsi explorées. Ce sont d'abord les mains et les doigts que le nourrisson agite devant lui, puis les pieds qu'il saisit avant de comprendre que ce sont bien les siens ! Accompagner cette découverte de nos propres commentaires de parents s'avère être une bonne façon d'interagir avec notre tout-petit.

D'une façon générale, il ne va pas de soi de parler à l'enfant de son propre corps. Bien des adultes considèrent cela comme artificiel (pourquoi le faire, peuvent-ils se demander, après tout l'enfant a bien conscience de son corps puisqu'il l'utilise). Or, il est fondamental que le corps et ses différentes parties puissent être nommés, pour permettre l'émergence du langage et l'accroissement du vocabulaire, bien sûr, mais également pour favoriser un développement psychomoteur harmonieux. Pour cela, en effet, le corps, le tronc, les membres, la tête ne doivent pas seulement être « ressentis » – lors des mouvements ou des perceptions sensorielles (un coup ou un câlin, sensations que l'enfant trouve agréables ou désagréables, comme lorsqu'il perçoit qu'il fait chaud ou qu'il a froid). Il importe également qu'ils soient pensés afin que se construise ainsi, de façon complémentaire, une image mentale du corps.

Lorsque cela concerne certaines zones dont la fonction peut être considérée comme « taboue », la tâche semble, pour certains parents, encore plus ardue. C'est le cas essentiellement des parties génitales, que l'on associe volontiers à la sexualité ou aux organes servant à la défécation. Certains parents peuvent omettre d'en parler, par gêne ou par conviction, persuadés que ce ne sont pas des questions d'enfant. Pourtant, l'enfant a besoin de savoir, d'autant qu'il est amené à utiliser régulièrement ces parties de son corps et, involontairement, à les explorer. Un père s'étonnait de constater que son enfant portait régulièrement ses mains à son sexe et s'en inquiétait quelque peu. Je lui ai fait simplement remarquer que la nature, qui crée rarement les choses au hasard, avait justement conçu les bras d'une longueur exacte permettant ce geste... Il n'y avait donc pas à s'en alarmer.

Ninon est une enfant de classe maternelle, sans souci apparent, pour laquelle les parents ont sollicité une consultation simplement pour faire un bilan et s'assurer qu'elle grandit bien. De fait, elle ne présente pas de signe clinique particulier, son langage et sa façon d'entrer en relation sont tout à fait en rapport avec son âge, tout comme son niveau d'apprentissage, ses compétences générales et ses fonctions de base (alimentation, sommeil, propreté...).

Pourtant quelque chose semble déranger sa mère. Sentant une gêne, je me permets d'investiguer. Elle me fait part alors d'un constat particulier : à chaque fois que Ninon regarde sa vulve, par exemple lorsqu'elle va au bain ou qu'elle revêt son pyjama, elle manifeste des signes d'inquiétude, pleure parfois et semble comme paniquée à la vue de son entre-jambes.

À ma question : « Lorsque vous l'aidez pour la toilette, quel "petit nom" utilisez-vous pour parler de son sexe ? », la mère me confirme qu'elle n'a jamais prononcé aucun mot pour évoquer cette zone et que le père non plus, puisqu'il ne s'occupe pas de ces choses-là. « Je n'ai jamais pensé que c'était nécessaire, précise-t-elle, tout en nuançant : il y a "probablement" une gêne à le faire... » Or, il est fort possible que Ninon ait ressenti ce malaise, d'autant que le contraste avec la fluidité langagière permettant de parler de tout dans cette famille, soucieuse du bon épanouissement de ses enfants, est flagrant. Par ce non-dit, cette « forclusion » du nom du sexe, cette zone était perçue par Ninon comme « innommable ». Elle n'était donc pas seulement « sale » – les seules fois où l'on y a accès, c'est pour la nettoyer –, mais d'innommable elle en était devenue dégoûtante, voire abominable.

De fait, il a suffi qu'on en parle et que les habitudes changent à la maison pour que, tranquillement, ces manifestations d'inquiétude disparaissent.

---

Cependant, si certains parents se demandent encore s'il est bien judicieux de parler de sexualité avec des enfants, le constat qui s'impose est que si nous ne leur en parlons pas, eux ne se gêneront pas pour le faire !

Dès trois ans, garçons et filles s'interrogent sur la différence des sexes. Leur intérêt pour leur propre corps, comme pour celui des autres, est une curiosité tout ce qu'il y a de plus naturelle. Loin d'être un vilain défaut, elle ouvre la porte, une fois l'enfant rassuré sur le fonctionnement ordinaire du corps et ses particularités, à un intérêt plus vaste pour les choses qui l'entourent, et encourage son désir d'apprendre.

Or, si expliquer peut s'avérer difficile parfois, nommer reste très facile. Vous pouvez vous contenter d'utiliser les mots que vous utilisiez vous-même dans l'enfance, et même les mots du langage courant. Même s'ils vous paraissent moins tendres ou moins affectueux, trop techniques ou trop froids, ces derniers sont les mots exacts, ils sont donc forcément adaptés.

Le moment du bain correspond souvent à celui où l'on en parle naturellement.

– « Quand tu auras fini de te laver le ventre, tu pourras savonner tes fesses et ton pénis… »
– « As-tu bien pensé à te laver les pieds et la vulve avant de te rincer ? »

Bien sûr, si vous êtes plus à l'aise avec eux, les « petits noms » comme zizi, zigounette, zézette, fente, minou… feront aussi bien l'affaire.

Évitez cependant « petit oiseau », locution qui, parce qu'elle évoque un animal qui s'envole systématiquement si l'on s'en approche trop, pourrait, chez certains garçons, entretenir l'angoisse de castration[4].

---

4 Lorsqu'il découvre la différence anatomique qui existe entre filles et garçons, l'enfant peut imaginer que cette différence est due à la perte du pénis. Il en résulte l'angoisse que cela puisse lui arriver, notamment comme punition, s'il ne se montre pas « sage ».

– « Je te lave tes parties intimes, mais il faudra que ce soit toi qui t'en occupes dès que tu sauras le faire… »

Cette formule (ou son équivalent selon votre vocabulaire et vos habitudes) peut être une introduction adaptée, lorsque l'enfant est en âge de le comprendre et notamment lorsqu'il commence à fréquenter des lieux de socialisation (école, colonie de vacances, centre aéré), au fait d'évoquer l'importance de ne pas laisser d'autres personnes, ni enfant ni adulte, toucher librement à ces parties de son corps. Il est possible d'aborder le sujet simplement, avec des mots clairs et un vocabulaire qui va évoluer selon l'âge de l'enfant.

**Prendre soin de son corps, ça s'apprend**

L'enfant va également prendre conscience des capacités et des pouvoirs extraordinaires de ce corps. Outre la possibilité de courir, sauter, jouer et donc apporter du plaisir, il peut également se « réparer » tout seul, comme, lorsqu'après avoir saigné, une croûte se forme et qu'il cicatrise. Certes, on peut se faire mal, mais cette sensation n'est que transitoire, et certains enfants vont apprécier de mettre ce corps à l'épreuve, de tester ses capacités et de se griser de toutes les sensations qu'il permet d'éprouver. Cela sera notamment le cas à l'adolescence, où, qui plus est, les transformations corporelles viendront renforcer leur besoin de se réapproprier leur nouvelle physiologie.

C'est donc également pour cela qu'il faut pouvoir parler du corps. En particulier du fait qu'on en a un seul pour toute la vie, dont chacun hérite à la naissance et dont il faut prendre soin tout au long de l'existence, au fil des expériences et des aléas que l'on sera amené à traverser.

– « Nous n'avons qu'un seul corps pour toute notre vie, aussi il faut en prendre soin… »

Cela viendra compléter ce qu'on aura pu dire précédemment :

– « Ton corps t'appartient, personne n'a le droit de le toucher sans ton accord. »

Car si c'est effectivement le principe de base, il est important de nuancer cette notion d'appartenance, qui peut sous-entendre que chacun a le droit de tout faire avec son propre corps. Cela pourrait autoriser plus tard l'adolescent, lorsqu'il ira mal, à se scarifier par exemple. Il n'est donc jamais inutile de préciser : « Il faut que tu en prennes soin… »

– « … et que tu ne laisses personne lui manquer de respect. »

## LES QUESTIONS « PHILOSOPHIQUES »

Lorsque l'enfant commence à maîtriser le langage et que sa pensée se structure, la prise de conscience du monde qui l'entoure et dont il fait partie va favoriser le développement d'interrogations qu'il n'aura de cesse de nous exposer.

Deux facteurs favorisent la multiplication de ces questions : la prise de conscience par l'enfant du fait qu'il connaît peu de choses, et l'idéalisation des parents, qu'il·elle imagine détenteurs de tous les savoirs.

Aussi, même si elles ne surviennent pas toujours au bon moment, sont parfois épuisantes par leur flot intarissable ou déstabilisantes par leur nature (sujets tabous comme la sexualité, ou anxiogènes comme la mort), il est important d'y répondre.

D'une façon générale, toute question mérite une réponse. Pour cela, évitez les affirmations lapidaires :

– « Mais pourquoi tu me demandes ça ? »
– « Je me demande où tu vas chercher tout ça ? ! »
– « Tu n'as pas autre chose à faire que (de m'ennuyer en n'arrêtant pas) de me poser ces questions ? »
– « Tu me fatigues ! »
– « Tu ne vois pas que je suis occupé·e ? »

Outre la frustration (qui dans ce cas n'a pas forcément valeur éducative, comme lorsqu'il s'agit de développer une meilleure capacité à différer un besoin ou à renoncer à une envie inutile), cela peut entraîner le sentiment qu'il existe des zones de mystère ou d'interdit, qui peuvent devenir des sources d'inquiétude ou de préoccupation névrotique. Pour autant, une réponse n'est pas forcément « LA » réponse à la question. Lorsqu'on n'est pas disponible, assurer l'enfant qu'on a bien entendu sa demande et qu'on va s'en occuper en est déjà une.

- « Je ne peux pas te répondre maintenant, on en reparle au dîner… »

Dans un autre registre, nous ne sommes bien sûr pas obligés (nous en serions d'ailleurs bien incapables) d'avoir réponse à tout. Il est donc possible de le dire :

- « Je ne sais pas… mais nous allons chercher la réponse ensemble. »
- « Tata Pascale est incollable dans ce domaine, nous lui poserons la question la prochaine fois que nous la verrons. »

Parmi les questions « philosophiques » qui reviennent souvent, nous avons évoqué précédemment celles qui émergent lorsque l'enfant découvre la réalité de la mort :

- « Pourquoi on meurt ? »
- « Qu'est-ce qu'il y a après la mort ? »

Mais il se questionne aussi sur tous les mystères qui entourent la vie !

- « Où est-ce que j'étais avant de naître ? »
- « Pourquoi je suis moi ? »
- « C'est quoi le temps ? »
- « Pourquoi je me pose toujours des questions ? »
- « Les animaux ont-ils des sentiments ? »
- « Comment dire à quelqu'un qu'on l'aime ? »

– « Pourquoi on a des couleurs préférées ? »
– « Pourquoi y a-t-il de l'argent ? »
– « Comment se faire des amis quand on est timide ? »

Toutes vos réponses pourront bien sûr s'élaborer selon votre mode de pensée, votre sensibilité ou vos croyances. Pour autant, cela peut être intéressant d'évoquer d'autres perceptions, les différences de point de vue selon les courants religieux ou philosophiques, s'ils ne sont pas antinomiques. Cela peut favoriser les nuances et la réflexion, notamment dans les domaines pour lesquels il n'existe pas de certitude absolue…

D'autres champs de connaissance pourront plus simplement, nous le verrons, être étayés par des informations scientifiques.

Quand on ne sait pas quoi répondre, pour se laisser le temps de réfléchir à une explication pertinente et d'évaluer plus précisément le champ d'interrogation de l'enfant, on peut dans un premier temps lui demander ce que lui-même en pense. L'enfant n'attend pas nécessairement une réponse exhaustive ni extrêmement précise.

Parfois même, la question dissimule une autre interrogation :

Mon fils devait avoir quatre ans quand il me demanda : « Est-ce que je vais mourir avant toi ?… » Après avoir ravalé ma salive, et pris l'air le plus détaché possible, j'ai dû lui répondre quelque chose du genre : « Non, mon garçon. Dans l'ordre des choses, ce sont en principe les personnes les plus âgées qui meurent d'abord, et les papas sont toujours plus âgés que leurs enfants, puisqu'ils sont leurs papas et sont donc nés bien avant de leur donner la vie. » (J'ai sans doute dû me sentir assez satisfait de ma réponse, car elle se concluait positivement.)

Pourtant, quelques jours après, mon petit bonhomme me reposa la même question : de toute évidence je n'avais pas répondu à SA question sous-jacente... En effet, ce qui le préoccupait surtout était de savoir s'il allait se retrouver un jour sans moi, seul, à devoir se débrouiller par lui-même, abandonné (ce que lui aurait évité le fait de mourir avant moi). Je le compris plus tard, quand il arrêta définitivement de revenir sur le sujet, juste après que je lui eus dit : « Tu sais, je fais bien attention à rester en bonne santé, pour vivre le plus longtemps possible, afin que l'on ait le temps de collectionner plein de bons souvenirs ensemble et que tu puisses également, si tu le désires, devenir papa à ton tour. Et puis surtout, je peux t'assurer qu'un parent n'abandonne pas son enfant : il peut rester présent dans son cœur et ses pensées, et même revenir parfois lui faire coucou la nuit dans ses rêves. »

Nous n'éviterons pas non plus les questions touchant à l'environnement :

– « Pourquoi le ciel est bleu ? »
– « D'où vient le vent ? »
– « Pourquoi la terre tourne ? »
– « Pourquoi les poissons ne se noient pas dans l'eau ? »

À celles-là il sera sans doute plus facile de répondre, car il est possible de s'appuyer sur des éléments scientifiques et de proposer des explications simplifiées, sans qu'elles soient pour autant simplistes : même si nos souvenirs scolaires sont lointains, Internet ne manque pas de sites spécifiques très bien conçus à destination des plus jeunes.

Bien souvent, pour nos enfants, nous sommes le premier et le principal interlocuteur, qu'ils gratifient souvent de compétences et de savoirs bien plus étendus que nous n'en possédons réellement. N'ayons pas peur de les décevoir en leur montrant que le vrai pouvoir n'est pas la connaissance, qui n'est pas innée, mais la capacité à chercher, réfléchir, trouver et apprendre.

Toutes ces interrogations traduisent une caractéristique propre à l'enfance : la curiosité. Pour être tout à fait exhaustifs, nous pouvons d'ailleurs préciser qu'en fait, l'enfant n'attend pas d'être en âge de parler pour éveiller son intérêt au monde. Dès sa naissance, le nourrisson est un observateur qui s'interroge sur les choses et les êtres qui l'entourent.

Une expérience (jeu que l'on peut pratiquer naturellement avec son bébé !) consiste à se cacher derrière une porte ou un meuble puis à réapparaître, alternativement, pour provoquer chez lui des réactions (rires, agitation des bras ou immobilisation) qui traduisent tout un fonctionnement mental, qui, même s'il n'est pas encore porté par des mots, correspond bien à des interrogations.

Aussi, plagiant le dicton, nous affirmons que cette curiosité est un joli défaut ! S'il faut nuancer, précisons que par « défaut » il faut entendre, bien sûr, « trait propre à chacun, qui fait que personne n'est parfait » !

En effet, la curiosité stimule le goût d'apprendre et permet donc le développement des connaissances associé au sens critique.

Nous ne saurons donc que vous suggérer de l'encourager et de favoriser son expression le plus longtemps possible.

V

# PARLER À SON ADOLESCENT

L'expérience montre que dans beaucoup de familles, la communication est plutôt d'assez bonne qualité. Pourtant, le vécu que chacun exprime ne va pas toujours dans le sens de cette observation. Car adultes et adolescents peuvent avoir des impressions très différentes, voire opposées, sur un même échange. Intervient là une subjectivité liée aux émotions que chacun ressent et aux positions sur lesquelles chacun campe, alors que les messages sont transmis et que les objectifs que l'on peut en attendre sont, toutes proportions gardées, atteints.

L'idée sera donc de favoriser ce que l'on peut appeler une communication efficace, c'est-à-dire des échanges au cours desquels les parents ont le sentiment que leur message a été entendu, compris et sera suivi d'effet ; et où l'adolescent, de son côté, a celui d'obtenir ce qu'il leur a verbalement demandé. Or, ce qui a été efficace avec les plus jeunes ne l'est plus systématiquement avec les adolescents.

En effet, en entrant dans l'adolescence votre enfant va changer. Parfois de façon progressive, bien souvent de façon inattendue, subite, déconcertante. Sa façon de s'exprimer va également se transformer et il y aura donc lieu de faire, à l'avenant, évoluer votre mode de communication.

Il est intéressant de rappeler que la puberté et les libérations hormonales qui en sont à l'origine favorisent des changements visibles et invisibles. Si les modifications physiques vont sauter aux yeux, il en est d'autres qui touchent au cerveau, affectant ainsi les émotions et leur gestion, l'humeur et ses fluctuations, mais également les modalités de pensée, les jugements et les prises de décision de votre adolescent. Il ne vous écoutera plus de la même façon, indépendamment de l'éducation dont il aura pu bénéficier dans l'enfance, et le besoin de tester les limites pourra de nouveau s'exprimer. Rien à voir cependant avec celui de la petite enfance, que vous pensiez – à juste titre – remisé aux oubliettes : il s'agira davantage pour votre fille ou votre fils de tester ses propres limites, de mettre à l'épreuve ce nouveau corps et ses capacités à réfléchir inexplorées.

Un autre besoin grandit également : se sentir assimilé au groupe de ses pairs, et cela va se traduire dans ses attitudes, ses choix vestimentaires, ses prises de position et ses réflexions philosophiques, sociopolitiques ou religieuses, qui peuvent, qui plus est, s'inscrire dans un mouvement de prise de distance vis-à-vis de ses parents.

## RÈGLES D'UNE COMMUNICATION EFFICACE

Voici une situation qui revient fréquemment en débat au cours de mes consultations :

La mère de Louise se plaint régulièrement qu'il est toujours difficile de demander quelque chose à sa fille, notamment lorsque cela touche aux tâches du quotidien.

« Tous les soirs, il faut que je lui redemande de dresser la table pour le dîner, ce qui me semble la moindre des choses quand on vit ensemble. Et chaque soir, c'est la même histoire, soit je n'ai pas de réponse ou des grognements, soit, quand elle est bien lunée, j'ai droit à un : "OK dans cinq minutes". Minutes qui n'en finissent jamais et sont à l'origine d'excuses et de justifications incessantes ! »

Elle le reconnaît, le ton monte, et si finalement la table est mise, c'est souvent lorsque les cris ont atteint leur paroxysme. Le dîner se passe alors sans qu'un mot ne soit prononcé et la soirée se termine dans la bouderie.

## COMMENT FAIRE ÉVOLUER VOTRE FAÇON DE VOUS ADRESSER À LUI OU ELLE

Votre enfant grandit et n'est plus très à l'aise avec ce qu'il·elle était par le passé, donc renoncez à lui parler comme à un bébé :

- abandonnez progressivement les surnoms dont vous le·la gratifiiez lorsqu'il ou elle était encore votre petit bout de chou.

L'adolescent est particulièrement sensible aux marques d'attention, et tout particulièrement au respect qu'on peut lui manifester :

• évitez de lui donner des ordres, d'utiliser l'impératif et les injonctions qu'il·elle pourrait considérer comme trop dirigistes. Préférez, par exemple, les formules interrogatives qui lui donneront davantage l'impression que son avis est pris en compte :

– « Peux-tu, s'il te plaît, m'aider à mettre la table ?... » passera mieux que :
– « C'est à ton tour pour la table ! »

Même si c'est effectivement ce qui a été négocié avec le reste de la fratrie, dans les « règles de vie en famille » que vous avez établies lorsque vous avez senti poindre les conflits entre vos préados...

• D'une façon générale, retenez-vous de crier, de hausser le ton ou de laisser échapper des expressions trop agressives : cela ne ferait que favoriser des réponses en miroir, voire attiser les conflits.

Et armez-vous de patience : il est naturel, à cet âge, qu'il y ait un délai entre votre demande et son exécution... Bien souvent, cela permet inconsciemment, à cet adulte en devenir, de résoudre les conflits intérieurs que génèrent les sentiments de dépendance qu'il peut ressentir vis-à-vis de vous quand il a l'impression que vous lui donnez des ordres. Différer l'action lui permet de marquer sa résistance sans s'opposer frontalement, quand aucun prétexte valable ne justifie la contestation. De même, laissez-lui parfois la possibilité de discuter et d'avoir l'impression de choisir.

Cela ne veut pas dire que vous vous transformez en parent laxiste ou trop tolérant. Réfléchissez simplement en terme « d'énergie émotionnelle et psychique ». Qu'est-ce qui vous semble le plus en dépenser, et le plus nuire aux relations familiales : un peu de patience et de tolérance (tant que ce que vous demandez est réalisé) ou des tensions et des conflits réguliers ?

Le tout est de trouver le juste équilibre pour n'être ni trop « aimable », ni trop indifférent·e, quand vous avez le sentiment qu'il ou elle vous pousse à bout…

Exemples de phrases à éviter :

- « Ça fait dix fois que je te demande de mettre ton linge dans la bannette ! » (sur un ton de ras-le-bol)
- « Je ne te le répéterai pas : fais ceci, cela ! »

Elles seront efficacement remplacées par :

- « Quand penses-tu avoir terminé ton exercice de maths, ton devoir de français ? » (attente de la réponse) « Dans cinq minutes, parfait ! Pourras-tu alors apporter ton linge sale dans la salle de bains ? »
- « Quand tu auras fini ceci, ou cela, préfères-tu que nous fassions ceci, ou cela… ? »

Notez l'emploi de « quand » tu auras fini… qui ne laisse pas de doute sur l'issue positive de la situation. Il est toujours préférable au « si tu finis… », qui sous-entendrait qu'il pourrait y avoir une alternative…

## L'ÉCRIT À L'ÉPREUVE DES CRIS

Aujourd'hui, les adolescents utilisent bien plus l'écrit qu'on ne l'imagine. Le succès des SMS et des réseaux de messagerie instantanée, Snapchat, Messenger, Twitter, Facebook et autres réseaux sociaux de partage et d'échange, en atteste.

Pour relancer la communication lorsque le dialogue vous paraît rompu, pour sortir d'un conflit sans avoir le sentiment de céder, ou simplement pour le surprendre par votre « modernité », l'idée peut être de lui écrire. Un mot, glissé sous sa porte, une lettre, ou même un mail, qu'il prendra le temps de lire, à tête reposée. La communication écrite aura, en effet, l'avantage de lui laisser la possibilité de s'exprimer sans être submergé par l'émotion ni perturbé par vos propres manifestations émotionnelles.

## LES EXPRESSIONS QUI NUISENT AU DIALOGUE OU EMPÊCHENT DE RÉFLÉCHIR

Nous avons évoqué ces injonctions paradoxales qui nuisent au dialogue plutôt qu'elles l'encouragent.

– « Enfin, dis quelque chose ! »

Confrontés à certaines attitudes, ce sont des expressions que nous sommes couramment tentés d'utiliser. En effet, au cours de la relation que l'on partage avec un adolescent, il n'est pas rare que celui-ci nous fasse traverser une période de mutisme au cours de laquelle il ne nous adresse plus la parole, ou seulement de façon très laconique, usant plus de borborygmes que de mots pour répondre à nos sollicitations.

Par son comportement, il manifeste son désir de prendre de la distance vis-à-vis de nous, de s'émanciper. Nous écouter revient, dans son esprit, à rester dans sa posture d'enfant et à se soumettre à nos sermons ou à nos opinions. D'autant que les arguments lui font défaut dans les discussions. Aussi, préfère-t-il couper court. L'adolescent ne maîtrise plus très bien ses processus cognitifs, comme il ne contrôle pas son nouveau corps. Cela explique qu'il s'exprime parfois en baragouinant des onomatopées ; ou s'il utilise un néolangage aussi sommaire que peu compréhensible, que le manque de contrôle de sa voix qui mue, ses émotions à fleur de peau ou ses nouvelles modalités expressives, liées aux changements pubertaires, renforcent quelque peu.

De ce fait, il ne réalise pas toujours la portée de ce qu'il dit, pas plus que sa façon de s'adresser à nous.

Préférez donc les expressions qui respectent sa liberté :

– « Si tu veux me parler de quelque chose, je suis là… »
– « Je peux comprendre… »
– « Je peux tout entendre, n'hésite pas si un sujet te préoccupe… »

Les conseils à retenir dans ce cas-là portent moins sur les mots à utiliser que sur les attitudes à adopter.

Un principe central est de rester attentif aux moindres occasions où l'adolescent vous sollicite spontanément et, le cas échéant, d'essayer de se montrer disponible. Elle vous parle de la nouvelle application qui fait fureur sur les réseaux sociaux, il vous relate sa dernière partie de Clash of Clans ou un conflit avec son meilleur ami… Laissez-les parler jusqu'au bout, prêtez-leur attention sans les couper, même si vous êtes encore contrarié·e de la façon dont ils vous ont ignoré·e la veille, ou agacé·e parce que vous ne voyez aucun intérêt à leurs propos. Laissez-les terminer, contrôlez vos expressions non verbales (ce petit doigt qui tapote nerveusement la table, ce regard qui ne peut s'empêcher de monter au ciel, ce soupir qui vous échappe…) qui pourraient trahir un possible défaut d'intérêt. Retenez-vous de critiquer ou de vous montrer ironique. Bien sûr, vous n'êtes pas obligé·e d'acquiescer à toutes ces divagations. Il n'est pas non plus impératif que vous vous empressiez de donner votre avis, sauf s'ils vous le demandent, surtout si cela se bornerait à détruire leurs arguments. Posez-leur éventuellement des questions, pour les aider à déployer leurs arguments ou à remettre d'eux-mêmes en question leurs a priori.

Évitez les prises de position un peu péremptoires :

– « Je sais ce que c'est, je suis passé par là… »
– « Je suis ton père, j'ai quand même un peu d'expérience. »

– « Les mères savent ces choses-là… »
– « Moi, à ta place… »

Préférez les propositions qui tiennent d'emblée compte de l'individu à part entière :

– « Ton point de vue est intéressant, cependant que penses-tu de… »
– « Je vais réfléchir à ce que tu dis… »

Dans les cas où la divergence d'avis est trop grande, ou si votre rejeton est vraiment (en tout cas de votre point de vue) à des milliers de kilomètres de la réalité ou d'un jugement sensé, vous pouvez toujours, en plagiant le philosophe[5], pondérer les échanges de la sorte :

– « Je ne partage pas ton point de vue, mais cela ne retire rien à l'estime que je te porte, à l'amour que j'ai pour toi… »

## LES EXPRESSIONS QUI POURRAIENT NOUS ÉCHAPPER AU JOUR LE JOUR

Le quotidien d'une famille où vivent un·e ou plusieurs adolescent·e·s n'est pas tous les jours des plus sereins.

Le comportement de ces grands diables peut s'avérer vraiment insupportable. Entre les retours à pas d'heure, sans

5 Nous ne sommes d'ailleurs pas tout à fait sûrs que ce soit ce que Voltaire a écrit : « Je ne suis pas d'accord avec ce que vous dites, mais je me battrai jusqu'à la mort pour que vous ayez le droit de le dire. »

prévenir, la remise en question permanente des règles de vie, les critiques sur les repas et les espaces (« C'est moche, ici ») ou les habitudes des uns et des autres… le ras-le-bol parental peut prendre le dessus et favoriser le jaillissement d'expressions du style :

– « Si notre fonctionnement ne te convient pas, tu peux aller vivre ailleurs… »

– « Tant que tu seras chez nous, tu te plieras à ce qu'on te demande. »

– « C'est à prendre ou à laisser… »

Or, rappelons que les propos de votre enfant sont à cette période de sa vie la traduction de son malaise intérieur. Il teste, en se rendant insupportable, la solidité des liens, afin de pouvoir se rassurer sur la possibilité de s'émanciper, sans risquer la rupture définitive. Plus il cherchera à se faire rejeter, plus il aura besoin d'être sécurisé.

Or, même si elles ne sont pas réellement « pensées », ces assertions qui peuvent nous échapper vont être vécues comme de véritables marques de rejet, voire comme des ultimatums. Le risque n'est pas nul que votre impulsif prenne au mot ces menaces et leur donne vie en allant s'installer ailleurs, chez les grands-parents ou chez votre ex, en cas de famille recomposée…

Donatello M. a dix-sept ans. Depuis plusieurs mois, il parle d'arrêter ses études pour s'engager dans la Légion. Cela désespère d'autant plus ses parents qu'il a toujours eu de bons résultats scolaires, même s'ils sont obtenus au prix de combats réguliers pour lui faire faire ses devoirs. Jusqu'alors, il avait toujours été question qu'il suive des études, et pourquoi pas de droit, comme dans « la tradition familiale » (son père est en fait clerc de notaire). Ces profonds désaccords viennent attiser des tensions relationnelles récurrentes depuis qu'il est sorti de l'enfance et, selon ses propres termes, « de sous la coupe d'une mère abusive »... Or depuis deux jours, après un conflit où le ton est monté un peu plus que d'habitude, Donatello n'est pas rentré à la maison.

C'est finalement au bout du troisième soir d'absence que madame et monsieur M. ont reçu un appel téléphonique des parents de Marco, le meilleur ami de leur fils. Ces derniers se sont rendu compte que leur adolescent abritait en cachette le jeune fugueur.

Au cours des entretiens familiaux qui ont suivi, il a été beaucoup question de ces petites phrases (« Tant que tu vis sous notre toit, tu respectes nos règles ! » « Tu n'as rien à faire ici si tu n'es pas capable de nous respecter... ») vécues comme des marques de rejet par le fils alors que, pour la mère, elles n'étaient que des réponses aux provocations d'un fils qui semblait ne jamais être satisfait de tout ce qu'on lui offrait.

Interrogé sur sa vision de l'armée, où il envisage de faire carrière, Donatello dira : « Là-bas, on est tous égaux, tous solidaires ; si tu tombes, on t'aide à te relever, personne ne t'abandonnera… L'armée, c'est comme une grande famille… »

Si les conflits qui apparaissent avec nos adolescents s'articulent fréquemment autour des règles de vie, qui jusque-là avaient été respectées, c'est que s'exprime par ces attitudes le besoin d'affirmer qu'ils ont changé et ne sont plus les tout-petits pour lesquels ces consignes avaient du sens.

Pris de cours, sans doute, par la rapidité de ces mutations, le bouleversement inattendu de ces habitudes, notre posture parentale nous fera souvent opter pour le maintien coûte que coûte de ce que nous avions établi au cours de leur enfance. Et quand vient l'heure des « pourquoi » et de la remise en question des ordres établis (« pourquoi je ne peux pas rester plus tard après les cours », « les parents de Maÿlis lui laissent son téléphone portable le soir », « tous les jeunes de mon âge vont au concert… »), la tentation est grande de répondre de façon catégorique :

– « C'est comme ça et pas autrement ! »
– « Ce n'est pas possible, tu ne comprends rien. »
– « Il est hors de question que tu fasses ceci ou cela. »
– « C'est moi qui commande, ici ! »

Or, en repensant aux choses, votre enfant a réellement

grandi. Ce qui était valable pour un petit ne l'est peut-être plus pour un « plus grand ».

Rassurez-vous : les principes que vous lui avez inculqués sont a priori intégrés, et la remise en question de quelques règles n'implique pas qu'il·elle fasse table rase de toute cette éducation. Prendre conscience de cela va vous permettre de réajuster au fur et à mesure vos préceptes en fonction de ses besoins de jeune adulte et de la confiance que vous pouvez lui accorder.

Les demandes de sortie, par exemple, s'inscrivent dans le besoin qu'a l'adolescent de davantage d'espace et d'autonomie, notamment affective, en vivant des expériences amicales hors du regard et des choix parentaux.

Pour autant, certains impératifs seront à rappeler, comme le fait que vous restez ses parents, responsables de sa personne et de ses actes, jusqu'à sa majorité. Des affirmations générales peuvent à ce sujet très bien faire l'affaire :

– « Les parents ont la responsabilité morale et juridique de leurs enfants tant que ceux-ci sont mineurs… »

– « La liberté, comme la confiance, se gagne… »

Dans ce contexte, l'utilisation de truismes permet d'obtenir facilement un accord et la neutralité des termes prend tout son sens puisque, ne remettant pas directement en question ce que l'on est prêt à accorder à son enfant, elle soutient un principe indiscutable. Ainsi sont évoquées « la » confiance, « la » liberté, pas celles que l'on veut bien accorder à notre petit·e rebelle.

L'expérience montre que le remaniement « éclairé » des règles établies s'avère extrêmement bénéfique pour les relations avec nos adolescents : les limites sont ainsi redéfinies, donc réaffirmées, bien que différemment, ce qui souligne implicitement votre autorité. Parallèlement, votre enfant sent que ses changements sont pris en considération et il a le sentiment de pouvoir affirmer son identité.

À vous de fixer ensemble des règles pertinentes (heure de retour à la maison, en fonction de son âge, temps passé devant les écrans, gestion du téléphone portable).

Des compromis seront à trouver, qui ne remettent pas systématiquement en question ses goûts et ses choix tant que ceux-ci sont raisonnables. Cette question de la liberté dont il·elle dispose pour choisir ce qui lui plaît devient elle aussi centrale.

## LA LIBERTÉ DE CHOISIR

L'adolescence de votre enfant ne change rien (en théorie) à votre responsabilité être vigilant quant à la pertinence de ses choix, notamment dans ce que cela implique pour sa sécurité ou sa bonne intégration dans la société.

Si certaines de ses positions ou de ses décisions ne vous semblent pas appropriées, il sera légitime que vous le lui signifiiez. Et là encore, opter pour tel mot ou telle expression, plutôt que pour d'autres, peut faciliter la communication et servir davantage vos objectifs éducatifs.

Les critiques directes, même avec humour – dans le but de mieux faire passer le message – sont contreproductives.

Au mieux, elles risquent de conforter l'adolescent dans son choix (puisqu'il a ainsi l'assurance de bien se démarquer des repères parentaux) ; au pire, elles déboucheront sur un conflit ouvert.

– « Tiens-toi droit ! »
– « Ne mets pas tes coudes sur la table ! »

Ou encore :
– « Comment peux-tu travailler dans ces conditions-là ? ! »

Cela pourrait nous échapper, par exemple, devant le spectacle de notre lycéen allongé sur le lit au milieu de ses feuilles de cours, écouteurs sur les oreilles.

Et le ton peut vite monter, du fait de son absence de réaction, alors que, de notre côté, nous interprétons cette attitude comme un manque de sérieux ou d'intérêt pour ses devoirs.

Pourtant il peut ne s'agir que du besoin que le jeune a de s'affranchir des consignes, des règles de bienséance ou même, simplement, de confort. Aux prises avec ce nouveau corps qui grandit, en proie à des remaniements internes, et avec lequel il ne s'est pas encore familiarisé, il peut avoir besoin de le mobiliser différemment pour maintenir son attention. Si le constat est fait que cela ne nuit pas aux apprentissages, est-ce une bonne chose de l'ennuyer avec ces questions de bienséance ? Le risque, paradoxalement, est de le gêner dans sa concentration.

Aussi, selon les résultats scolaires, vous n'êtes pas forcement obligé d'intervenir ; à tout le moins, vous pouvez l'encourager à trouver la bonne position :

– « Es-tu vraiment bien installé comme cela ?... »

Le thème de l'apparence comme du style vestimentaire est une autre source de discorde :

– « Tu ne vas pas sortir habillé·e comme ça ! ! ! »

– « C'est quoi, cette coupe de cheveux ? ! »

Or lorsqu'il s'agit de sujets qui ne concernent que l'adolescent, comme le choix de ses tenues, par exemple, même si elles ne vous plaisent pas et dans la mesure où elles ne font pas outrage aux « bonnes » mœurs, ne peut-on pas lui laisser toute latitude ?

Quoi qu'il en soit, prenez le temps d'identifier et de choisir vos priorités.

Ne dépensez pas trop d'énergie pour des combats qui n'en valent pas la peine. Il y a sans doute des sujets qui, à bien y regarder, ne justifient pas qu'on s'arc-boute sur ses positions : l'absence de conséquence grave pour l'enfant, pour vous-même ou pour l'entourage, la possibilité de rattraper les choses plus tard, ou simplement leur relativité... Au contraire, vous pouvez répondre favorablement à certaines des exigences de votre enfant pour obtenir autre chose en retour :

– « Bon, j'accepte que tu fasses ceci, en revanche tu t'engages à cela... »

À l'inverse, il s'avère parfois très favorable d'orchestrer volontairement de petits espaces de conflits, circonscrits à des domaines sans conséquence, pour éviter que le besoin de transgression ou d'opposition ne s'exprime sur des sujets plus complexes à gérer et aux conséquences plus néfastes.

Le père de Ninon n'avait pas vu d'un très bon œil la fin des vacances se solder par sa transformation vestimentaire. Le jogging sombre qu'elle avait porté tout l'été avait progressivement été remplacé par un jean noir, égayé d'un T-shirt de la même couleur aux inscriptions peu avenantes, et ses baskets s'étaient vues troquées contre des rangers. Mais, en accord avec la mère, ils avaient respecté son choix, l'attribuant à l'influence de sa meilleure amie, dont le look gothique avait caractérisé son installation dans l'adolescence. Cependant, quand il l'a vue descendre de sa chambre, le jour de la rentrée scolaire, avec un anneau dans la narine, son sang n'a fait qu'un tour.

«Je ne crois pas que nous ayons discuté de ce nouvel accessoire qui pend à ta narine... Il ne me semble pas du tout approprié pour aller en cours. Je te demande de le retirer tout de suite ! » La décision du père a été sans appel.

Borborygmes, rouspétances et agitation ont répondu à cette injonction, avant que Ninon n'obtempère, furieuse.

« Nous en reparlerons plus tard », a conclu le père, avant de voir sa fille filer vers le lycée.

Tous les matins de l'année scolaire, cependant, il a fallu revenir sur cet interdit, que Ninon ne semblait pas prête à accepter.

Lorsque son épouse lui a demandé pour quelle raison il se montrait si ferme sur ce point, alors qu'ils avaient accepté bien pire (les cheveux noir de jais et le maquillage charbonneux sous les yeux), le père a répondu avec malice :

« Comme ça, elle a encore quelque chose à revendiquer et nous ne passons pas pour des parents "trop" laxistes. Surtout, cela nous laisse un peu de répit avant les tatouages ! ! ! »

La question de la confiance est un élément essentiel des relations qui se réélaborent avec l'adolescent. Les paroles échangées peuvent alors vraiment jouer un rôle dans la façon dont notre enfant va se montrer à la hauteur de sa parole donnée.

Dans les moments de négociation, face à des propositions qui nous semblent déraisonnables, il ne sera pas toujours facile de trouver les bons arguments. Seront cependant déconseillées les expressions qui remettent inconditionnellement en question cette notion fondamentale de confiance, quand bien même elles seraient les seules que vous auriez pour clore la discussion :

– « Je sais de quoi tu es capable… » (sous-entendant « tu m'en as fait suffisamment voir »)
– « Je ne peux pas te faire confiance… »
– « Tu me déçois beaucoup… »
– « Tu n'es pas fiable. »

Rappelons à ce sujet que, quelle qu'ait été son enfance, votre jeune entre dans l'adolescence avec une estime de lui-même à reconstruire, voire à construire, tant les expériences de l'enfance peuvent parfois lui paraître complètement effacées.

Ce que vous pensez de lui le touche profondément, même si, nous avons déjà souligné ce paradoxe, il donne l'impression de ne tenir aucun cas de vos avis. L'attention et la considération que vous lui portez sont fondamentales pour lui permettre de se détacher de ce lien infantile qu'il a développé avec vous et lui permettre de s'inscrire dans une relation filiale mature. Aussi, évitez de le blesser (dans sa dignité).

Il en est de même du constat de ses échecs, que l'on pourrait être tenté de souligner en lui rappelant que nous étions assurés de son fiasco et que nous l'avions mis en garde :

– « Je te l'avais bien dit ! »
– « Si tu m'avais écouté… »

– « Tu l'as bien cherché ! »

Certes, cela peut être gratifiant pour soi de montrer que l'on avait raison... Mais rappelez-vous que l'expérience ne se transmet pas, elle s'acquiert. Votre enfant ne tirera aucune leçon des critiques que vous formulerez à son égard, il n'en sera que plus mortifié et s'empressera d'oublier cette déconvenue. Aussi, préférez des paroles qui l'encourageront à se confier sur ce qu'il a fait – ou pas –, pour l'aider à trouver comment il aurait pu procéder autrement.

Voici quelques exemples d'assertions qui se montreront plus opérantes :

– « Tu n'as pas échoué tant que tu continues à essayer. »
– « Aie le courage de tester (une autre approche/une technique différente) et de prendre le risque de te tromper. »
– « Nos erreurs nous apprennent beaucoup plus que nos réussites spontanées. »
– « Je te fais confiance pour trouver une (autre) solution... »
– « Imagine que tu serais ton meilleur ami. Que dirais-tu pour te motiver ? »

Évitez de lui faire la morale ! Vous lui avez déjà expliqué pourquoi il faut qu'il vous écoute :

– « C'est pour ton bien. »
– « Je m'inquiète. »
– « Tu aurais pu nous prévenir. »

... Il le sait bien ! Inutile de relancer les débats dans lesquels il ou elle cherchera à se justifier et vous fera sortir de vos gonds. Parfois, il peut être nécessaire d'apprendre à tenir sa langue !

Pour autant, tout ne doit pas forcément être gardé sous silence. Devant des transgressions graves, ou qu'il vous semble impossible de laisser passer, la meilleure réponse est parfois... la sanction, prononcée calmement, comme une évidence.

Il est rentré plus tard que l'horaire convenu ? Eh ! bien, annoncez-lui simplement que vous annulez sa prochaine sortie :

– « Je t'attendais à huit heures. Il est dix heures. La journée à la Japan Expo est annulée. »

Et avant toute justification, toute tentative de négociation qui pourrait virer à l'affrontement, « bottez en touche » :

– « Nous en reparlerons après le repas/demain/dimanche... »

Le principe n'est pas de se défausser ou d'éviter les mises au point, mais de s'expliquer à distance de l'événement, pour le faire en étant allégé de toute émotion parasite. Pour cela, il est indispensable de préciser le futur moment (ce soir, demain matin...), justement pour que ce ne soit pas perçu comme une esquive ; et, bien sûr, de s'y tenir.

## LES EXPRESSIONS EN MIROIR

Le bébé qui vient au monde est loin d'être le portrait exact de l'enfant idéal dont nous avions rêvé. Cependant, nous avions fini par nous adapter et le laisser devenir l'individu que l'enfance a façonné. Avec l'adolescence, nous sommes à nouveau confrontés à un être qui change et ne ressemble en rien à l'adulte que nous projetions de rencontrer. Dans les périodes de grandes tensions, ce qui fait le lit d'une certaine déception peut se voir renforcé par les ressentiments nés du déséquilibre que l'on peut percevoir entre notre investissement et ses attitudes d'apparente désinvolture, d'opposition ou d'ingratitude. Vous ne serez donc pas totalement en désaccord avec certaines formules que laisseront échapper vos lèvres amères :

– « Après tout ce que j'ai fait pour toi... »
– « Je m'attendais tout de même à un peu plus de reconnaissance. »

Rappelez-vous alors que votre enfant n'a pas demandé à venir au monde, et que ce que vous « avez fait pour lui » entrait dans le cadre de vos fonctions parentales ! C'est encore votre rôle de l'accompagner à devenir adulte et responsable. S'il y a quelque chose à attendre en retour, c'est qu'il y parvienne, mais rien ne justifie qu'il soit rendu coupable de ne pas satisfaire (tous) vos désirs en retour.

– « Lâche-moi ! »
– « Tu me tues... »

– « Tu as vu dans quel état tu me mets ? »

Ce qui caractérise ce type d'échange est le fait que les propos du parent peuvent reprendre les expressions du jeune quand les attitudes de l'adolescent.e imitent celles de l'adulte.

Les réactions en miroir peuvent être favorisées lorsqu'on est confronté à un adolescent menaçant, du fait même de l'intensité des émotions et de la réaction instinctive de protection dans laquelle cela nous projette. Aussi, ne répondez pas non plus en menaçant, ne levez pas la main, maîtrisez vos gestes et, autant que faire se peut, restez calme.

Détournez la conversation... puis affirmez calmement que vous discuterez du problème plus tard, en précisant, comme à chaque fois, le moment (après le dîner, par exemple) pour que cela ne soit pas non plus interprété comme une abdication ou, pire, de la peur. Et faites-le. Quoi qu'il en soit, ne changez jamais de position à cause d'une menace.

## LES CONTRATS GAGNANT-GAGNANT

Les menaces fonctionnent assez peu avec les adolescents, qui non seulement ont pris de l'assurance par rapport à l'enfant qu'ils étaient, mais encore voient là un moyen d'exercer l'art de la répartie qu'ils développent en parallèle de leur esprit de contradiction et d'émancipation. Aussi, plutôt que de multiplier les sommations du genre :

– « *Si* tu ne fais pas tes devoirs, tu seras privé·e de sortie. »

– « *Si* tu veux jouer le match de ce samedi avec ton club, tu

as intérêt à te conduire comme ceci (ou à faire cela) »...
... optez pour des propositions qui le responsabilisent :

– « Soit tu fais tes devoirs aujourd'hui et tu auras tout ton week-end pour voir tes amis, soit tu préfères les reporter en fin de semaine, mais cela empiétera forcément sur tes sorties... »
– « Plus vite tu débarrasses la table, plus il te restera de temps pour finir ta partie. »
– « J'attends que tu finisses (que tu aies fini) ceci, cela, pour te confirmer la sortie de samedi... »

Cette forme d'ultimatum édulcoré a l'intérêt de suggérer qu'il n'y a aucun doute sur le fait que ce qu'on attend de lui ou d'elle sera réalisé, ce qui n'est pas le cas de l'emploi de « si », qui laisse entrevoir la possibilité de devoir y renoncer.

Pour des problèmes récurrents qui pourraient, par leur répétition, venir à bout de l'utilisation des propositions responsabilisantes, il peut devenir nécessaire de mettre en place des « contrats ».

Les adolescents n'accepteront de suivre vos consignes que s'ils ont le sentiment, d'une part, que cela ne limite pas l'expression de leur autonomie, et, d'autre part, qu'ils ont quelque chose à y gagner ! D'où l'intérêt de passer avec eux des « contrats », moyen efficace et non conflictuel pour se faire écouter tout en leur donnant, à eux, le sentiment d'être entendus. Chacun y gagne !

D'autant plus qu'à l'adolescence, les motivations affectives (que l'on qualifie d'internes, car venant de nos propres émotions), comme la satisfaction de faire plaisir aux parents, le sentiment de puissance que donne le fait de réussir ce qu'on entreprend, qui peut s'associer également à la fierté que l'on ressent vis-à-vis de l'entourage, ne suffisent plus. De plus les adolescents ont besoin d'affirmer qu'ils ne sont plus des « petits qui disent oui à tout ». Il convient donc de rechercher d'autres types de motivation, les activités proposées (ou imposées) étant par ailleurs toujours perçues comme des contraintes sur le court terme, dans la mesure où elles empiètent sur les loisirs ou le temps passé avec les copains. Même les activités appréciées auparavant (occupations périscolaires, sport, musique...) peuvent être affectées par ce désintérêt.

Les arguments parentaux ne pèsent pas lourd face à ce sentiment de perte de temps ou d'effort à faire.

– « C'est pour toi que tu le fais. »
– « C'est ton avenir que tu compromets. »
– « Tu as *toujours* aimé ça. »
– « C'est quoi ce caprice ?... »

Ces phrases ont peu de chance de le motiver.

Pour mobiliser sa volonté, il sera judicieux de lui permettre d'obtenir quelque chose en compensation, ou, à tout le moins, de lui en donner l'impression. Il n'est pas nécessaire que cela ait un lien direct avec ce qu'on attend de lui, mais plutôt que cela corresponde à quelque chose susceptible de lui plaire sans que cela vous coûte ou ne soit en contradiction avec vos propres principes. Ce sera l'occasion, par ailleurs, de montrer de l'intérêt pour ce qu'il pourrait envisager d'autre que les jeux vidéo et les après-midi enfermé dans sa chambre.

Voici quelques idées de formules qui pourraient encourager sa réflexion :

- « Dis-moi ce qui te passionne..., ce qui t'enthousiasme... »
- « J'ai l'impression que tes goûts changent, qu'est-ce qui maintenant te fait vibrer ? »
- « Je ne te savais pas capable de... »

Nous pourrions identifier cinq principes essentiels (que vous formulerez de la façon appropriée à chacun) :

1 – obtenir un engagement de l'adolescent,
2 – accorder une contrepartie des parents.

Ainsi, il s'agit bien d'un échange et non de chantage ni de marchandage : ainsi, chacun sort gagnant. En effet, cela ne remet pas en question l'autorité du parent puisque c'est lui qui propose le contrat (et non l'inverse), et il reste maître des termes de ce qu'il offre.

Pour que cela fonctionne, il faudra également au préalable :
3 – identifier le problème que l'on veut résoudre,
4 – recenser ensemble les solutions possibles,

5 – choisir, toujours d'un commun accord, une solution à laquelle tout le monde souscrit.

Les parents qui craindraient que ce système soit une forme d'encouragement à tout négocier constateront qu'il s'agit plutôt d'un équivalent du système récompense/punition : selon que le contrat sera ou non respecté, l'adolescent obtiendra ou non ce qu'il désire. Ce système encourage au respect des engagements et, par là même, développe la responsabilité et l'autonomie.

Bien qu'ils s'avèrent d'excellents moyens de réguler les relations parents adolescents, il arrive que les contrats établis ne soient pas toujours respectés. Dans ces cas-là, à nouveau, gardez-vous d'élever la voix d'emblée et maîtrisez vos émotions : si vous criez ou menacez, ce n'est plus l'attitude de votre enfant qui pose question, mais votre comportement, d'autant que les contrats, vous les avez passés ensemble. Clarifiez ce qui s'est produit et ce que votre adolescent pensait et ressentait à ce moment-là, et discutez avec lui, à tête reposée, des conséquences du manquement aux règles. Vous serez mieux à même de statuer sur la sanction à adopter. Si les transgressions se répètent trop souvent à propos du même sujet, le contrat peut s'avérer inadapté. Mieux vaut alors en reformuler les termes plutôt que s'enferrer dans l'escalade des punitions et des conflits.

Les tensions et les conflits sont inévitables dans le quotidien familial. Cependant, certaines situations ont tendance à s'enkyster : lorsque les deux parties sont persuadées chacune de son bon droit, il devient difficile de trouver une issue.

Une phrase débloque tout :

– « Nous avons tous les deux raison, selon notre point de vue... »

Il s'agit de reconnaître à chacun sa vérité, de la faire accepter à l'autre, tout en adoptant un point de vue qui va au-delà des simples considérations immédiates et limitées à l'intérêt propre de chacun. Cela permet ainsi plus aisément de trouver des compromis.

– « Voilà ce qui pour moi est important..., précise le père. Qu'est-ce qui pour toi est indispensable ? »
– « Comment arriver à nous entendre sur ces deux points ?... »

.....................................................................

« Range ta chambre ! »

Le père de Mahault ne supporte pas le bazar qui traîne en permanence dans la chambre de sa fille. Il l'élève seul depuis le décès de son épouse, survenu alors que son enfant n'avait que six ans. Élève studieuse, jeune fille appréciée de ses camarades et de son entourage, Mahault s'est toujours montrée très respectueuse des consignes de son père et ils ont construit ensemble une relation dans laquelle chacun semblait soutenir l'autre dans cette adversité. Monsieur V. vit donc assez difficilement le fait que depuis quelque temps, son adolescente ne fait plus aucun effort, le laissant seul gérer les tâches du quotidien. Aussi, s'agissant de sa chambre, il se veut intraitable, considérant que c'est le minimum qu'elle puisse faire : « Cela concerne quand même tes seules affaires et j'en ai un peu assez de m'occuper de tout dans cette maison ! » Cette situation génère régulièrement conflits et sanctions qui contribuent à dégrader le lien qu'ils avaient jusque-là harmonieusement entretenu. Finalement, ce sont les conseils de Martine, une (très proche) amie de monsieur V., qui permettront de restaurer le dialogue. Au cours d'une longue discussion à trois émergent plusieurs constats :

Mahault ne supporte plus que son père s'occupe de ce qu'elle considère comme du domaine de son intimité ; de son côté, son père s'inquiète de ce que le bazar de ses affaires, notamment scolaires, ne contribue au fléchissement de ses résultats au collège et que ce désordre entretienne la négligence qui affecte depuis quelque temps son hygiène corporelle. Surtout, il se reconnaît nostalgique de l'époque où leur complicité passait par ces moments où, ensemble, ils prenaient soin de leur intérieur. Un accord est trouvé sur le fait que son père renonce à entrer dans la chambre de Mahault en son absence, notamment pour ranger ce qui lui semble être du bazar, à condition qu'elle ne laisse plus traîner son linge sale et s'occupe des machines à laver. Plus de commentaires sur les affaires scolaires, tant que les notes se maintiennent, et une sortie ensemble par mois, ciné ou expo, que chacun choisit à son tour...

Il n'est pas inutile de rappeler que la puberté occasionne un remaniement psychique et physiologique, qui contribue à désorganiser complètement le mode de pensée des adolescents. Déchaînement des pulsions, embrasement des émotions, confusion des sentiments, incohérence des pensées... Le désordre de la chambre est à l'image de cette confusion intérieure. Aider nos « pas-encore-adultes » à s'y retrouver dans ce capharnaüm mental sera le meilleur moyen de leur permettre de retrouver un nouvel ordre dans l'organisation de leur quotidien.

## LES MOTS DU CORPS

L'adolescent.e est confronté.e à un corps qui change, source à la fois d'étonnement et d'inquiétude, mêlés d'excitation. Les préoccupations peuvent naître du caractère disharmonieux de ces transformations : les pieds doublent de taille bien avant que les jambes ne s'allongent, les seins ne gonflent pas de façon symétrique, le duvet des zones pileuses se parsème de longs poils bouclés ridicules... Plus généralement, peut également émerger le sentiment de ne pas être « comme les autres »...

Par conséquent, si vous ne sentez pas votre adolescent·e très à l'aise dans son corps, évitez les remarques trop directement ciblées sur l'aspect physique, même si votre intention est de rassurer.

Les remarques sur ses odeurs corporelles (davantage perceptibles, pas uniquement parce qu'il ou elle ne se lave pas suffisamment, mais surtout parce que les sécrétions hormonales ont modifié la composition de la sueur), comme sur l'acné qui défigure, ne sont pas forcément à éviter, mais à formuler avec délicatesse. Évitez :

– « Tu ne peux pas te laver un peu, tu sens vraiment mauvais ! »
– « Arrête de te percer les boutons, c'est encore pire ! »
– « Ton acné n'est pas près de guérir si tu ne coupes pas cette mèche de cheveux gras qui te colle au front… »

On peut se contenter de locutions générales, qui ont le mérite de montrer qu'on n'est pas indifférent, mais plutôt solidaire de leurs affections :

– « Tous les ados en ont… »
– « Moi, à ton âge, c'était pire… »

Il est plus utile cependant de suggérer des solutions. Proposer par exemple un nouveau gel douche, l'air de rien, ou lui offrir des savons parfumés ou du déodorant. Une consultation chez un dermatologue peut constituer un début de réponse à ses problèmes de peau. De même, programmer une visite chez une gynécologue pourra mettre à l'ordre du jour des échanges sur la question du corps qui change, les menstruations et, d'une façon plus large, la sexualité ; ou, si ni vous ni votre adolescente ne vous sentez à l'aise, cela permettra de confier à la médecin la tâche d'aborder ces notions délicates dans un cadre plus neutre et confidentiel.

D'une façon générale, évitez de commenter, même pour faire des remarques que vous considérez comme des compliments, le corps de votre adolescent·e :

- « Avec une telle poitrine, les garçons doivent te trouver très sexy ! »
- « Tu commences à avoir des formes… »

L'adolescent·e est rarement à l'aise avec ce corps en changement dont il·elle ne peut deviner l'accomplissement à l'issue de la puberté, ni anticiper ce qu'il deviendra une fois adulte. Cet inconfort peut se traduire par des comportements paradoxaux comme lorsqu'il ou elle nous semble perdre, du jour au lendemain, la pudeur de l'enfance et sort nu·e de la douche, ou laisse traîner au vu de tous ses sous-vêtements, par exemple… Ne tombez pas, notamment, dans le piège qui consisterait à vous extasier sur sa toute nouvelle anatomie. Ces attitudes fréquentes d'exhibitionnisme adolescent ont pour fonction de provoquer des réactions parentales.

Réagissez donc comme lorsque vous êtes confronté à quelque chose d'ordinaire :

– « J'ai pu constater que tu es devenue une jeune femme/un jeune homme… Tu n'es plus un·e enfant… Donc ce serait bien que tu fermes la porte de la salle de bains. »
– « J'aimerais bien que tu ne te balades plus tout·e nu·e maintenant que tu es devenu·e un·e jeune adulte… »

Ce mal-être s'exprime parfois par des comportements alimentaires qui peuvent nous alerter. Pour autant, veillez à ne pas exprimer de propos dévastateurs :

– « Mange moins, tu vas devenir obèse ! »
– « Dis, tu n'aurais pas pris quelques kilos… ? »

Comme souvent, même si c'est loin d'être votre intention, cela risque de le mettre mal à l'aise. D'autant que, la plupart du temps, il en a tout à fait conscience. Cela potentialise son anxiété ou sa culpabilité et contribue à renforcer le symptôme. Comme le buveur dans *Le Petit Prince*, dont vous lui avez peut-être conté l'histoire : il mange pour se faire du bien et oublier qu'il mange, pour…

À moins que vous lui proposiez une solution, il n'est jamais pertinent d'appuyer là où cela fait mal. Il n'est pas pour autant plus pertinent de minimiser que de s'alarmer. Dans un premier temps, évaluez le plus objectivement possible la situation. Si la prise de poids reste raisonnable et si votre enfant n'en semble pas affecté, laissez-vous le temps de voir comment les choses évoluent avant de vous lancer dans une entreprise de dégraissement ! Rappelez-vous que l'adolescent est en phase de croissance, et que celle-ci ne suit pas une courbe régulière, alternant de manière chaotique prise de poids et gain de centimètres. En outre, les pressions se font sentir de toute part : très culpabilisantes dans leur lutte contre l'obésité, les campagnes d'information et de prévention diffusées par les médias, qui par ailleurs imposent des canons de beauté où la minceur et l'érotisation des silhouettes sont les critères principaux ; la pression des autres adolescents, dont la dynamique de groupe favorise la désignation de boucs émissaires ; ou, plus simplement, les railleries envers les « gros ». Aussi n'est-il pas nécessaire d'en rajouter ! On peut s'interroger sur ce qui nous inquiète : certains parents vivent le surpoids de leur enfant comme une blessure narcissique, une erreur dans leur éducation, et s'empressent de le mettre au régime. Cette tyrannie de l'apparence et de l'alimentation saine (on parle parfois d'orthorexie – manger droit – lorsque cela vire à l'obsession) engendre parfois des troubles du comportement alimentaire : anorexie ou boulimie.

Envisagez alors plutôt des propos plus neutres, ou qui l'amèneront à rester à l'écoute de ses besoins (plus que de ses envies) :

– « As-tu vraiment encore faim ? »
– « Comme tu as l'air d'aimer, gardons-en pour demain (ou pour un autre jour). »

Vous pouvez également prévoir des portions correspondant à ce qui semble en accord avec ses besoins (prenant en compte ses activités physiques, intellectuelles et sa croissance accélérée) et adaptez-les en fonction de ce qu'il précise de son appétit et du sentiment d'être rassasié.

– « J'ai prévu d'en refaire demain... »

Quoi qu'il en soit, ne lui imposez aucun régime s'il n'est pas justifié et prescrit par un spécialiste pour des raisons médicales. Cela aboutirait dans la majorité des cas à un échec, car la frustration qu'engendrera la privation poussera à la compensation. Or celle-ci peut malheureusement évoluer vers la compulsion, et faire le lit de véritables troubles alimentaires.

Les ados peuvent en rire entre eux, se « vanner », mais ils vivent très mal que l'adulte se moque d'eux.

## LES MOTS DE L'AMOUR

L'adolescence voit émerger de nouvelles interrogations sur la sexualité, et, bien qu'elle n'en soit pas toujours demandeuse, l'heure peut être au rappel des interdits et des mises en garde.

Évitez de questionner spontanément votre ado sur sa vie amoureuse : attendez qu'il vous en parle. Et s'il tarde à le faire, prenez patience ! Il s'agit là, sans doute, du sujet le plus épineux pour les adolescents. D'abord, tous ne s'éveillent pas au désir amoureux au même âge, même si les pulsions sexuelles s'animent du fait de la puberté et du corps soumis aux modifications hormonales.

Laissez-le vous en parler de lui-même.

« Comment vont les amours ? »

À l'adolescence, les questions sur la sexualité peuvent mettre mal à l'aise. Les jeunes n'ont pas envie d'en parler, et les parents également sont gênés. L'important reste la prévention, il est primordial d'instaurer un climat de confiance. Il faut que l'enfant sache qu'il peut parler. Je dis ceci aux parents : vous savez, un pénis, un vagin, ça fait partie du corps au même titre que les doigts. Mais ce sont des zones du corps à protéger, car elles peuvent tenter des gens malintentionnés. Cela peut aider les parents à faire preuve d'ouverture d'esprit et libérer leurs paroles sur ce sujet.

**Comment ne pas culpabiliser les adolescents?**

Il est possible d'aborder le sujet en énonçant des généralités. Pour cela, on peut déjà rappeler la loi : avant quinze ans, le législateur considère que les mineurs n'ont pas à avoir de relations sexuelles. Pour autant, il ne faut pas parler uniquement des interdits. L'idée est d'interroger l'adolescent.e sur ses envies, de lui demander s'il ou elle saura identifier le moment où il ou elle aura envie d'un rapport et comment il ou elle saura si l'autre aussi en a envie. Il est important de lui rappeler que si le partenaire ne dit rien, et tant qu'il ne dit pas qu'il est d'accord, il ne faut pas agir. Cela contribue à responsabiliser l'adolescent.e et à lui réaffirmer le fait que dans une relation, on est deux.

Il s'agira peut également de l'aider à distinguer le désir de faire l'amour et le fait d'être prêt à le faire, car il y a souvent un grand décalage entre ces deux sentiments. Avec la puberté, les hormones sécrétées diffusent à l'ensemble du corps et du cerveau et, les filles comme les garçons sont submergés par des pulsions pas toujours faciles à maîtriser, alors que pour autant, la maturité affective ne s'est pas encore étoffée.

## QUELQUES CONSIDÉRATIONS GÉNÉRALES PROPRES AUX RELATIONS AVEC LES ADOLESCENTS

Limitez les négociations : entre l'adolescent mutique ou celui qui a réponse à tout, vous risquez d'y perdre votre latin.

Cependant, vous restez maître de la bonne marche des choses. Une fois que les principes ont été fixés avec votre adolescent, ou que la demande a été formulée s'il s'agit d'un plus jeune, il s'agit de la faire appliquer. Évitez que le cycle des négociations recommence. Pour cela, dès que votre demande a été faite, attendez qu'elle soit exécutée. Si cela tarde, reformulez-la et attendez à nouveau, et mettez toute discussion en suspens. Avec les enfants, on comptera jusqu'à trois...

Parfois, ne rien dire est la solution la plus adaptée. Mais cela demande souvent un petit effort, ainsi que de s'entraîner à tenir sa langue.

Que faire si on n'arrive pas à évoquer certains sujets, pourtant importants ?

Ce n'est pas grave, car, lorsqu'on ne se sent pas à l'aise, il y a toujours la possibilité de déléguer ! On peut confier la tâche à un parrain, à la meilleure amie de la famille, voire au médecin généraliste quand il a suivi l'adolescent·e depuis l'enfance.

# CONCLUSION

L'éducation, l'autorité, et, d'une façon plus générale, tout ce qui permet le développement harmonieux de l'enfant se construisent efficacement grâce aux actes et aux expériences concrètes, autorisés ou interdits, encouragés ou récompensés qu'il intègre au quotidien. Pour autant, les mots, les phrases, le langage dont notre nature d'êtres humains nous a dotés sont indispensables pour accompagner au mieux ces opérations.

Le langage contribue à la construction de la pensée, et toutes les productions du cerveau (émotions, mouvements, compréhension de ce que nous sommes et de notre environnement) s'élaborent à partir de concepts que les mots ont pour fonction de porter. Aussi, ce que nous disons à l'enfant et notre façon de le faire sont fondamentaux, au sens littéral du terme : c'est ainsi que s'élaborent les fondements de la pensée, du caractère et de la personnalité.

De la même façon que l'éducation fonctionne mieux lorsque les parents sont positifs, les propos parentaux seront mieux entendus, écoutés et suivis, s'ils sont emprunts de bienveillance. Cela semble évident et pourtant, au quotidien, il est très facile de se laisser emporter par ses propres émotions : elles peuvent venir de façon néfaste contaminer le discours.

Il n'est donc pas superflu de prendre le temps de réfléchir à ce que l'on dit et de ne pas répondre systématiquement sous l'influence de ses émotions.

Ne laissez pas les formules toutes faites, expressions réflexes, penser à votre place. Il arrive à la parole de mentir à la pensée et, tandis que nous voulons être bienveillants à l'égard de notre enfant, le contraste entre ce que nous disons et ce que notre corps transmet peut le heurter. La confusion engendrée n'aide pas à la bonne intégration du message ni à la mise en actes que l'on en attend.

Dans d'autres cas, les mots peuvent être directement blessants, la parole peut même couper davantage que le sabre, lorsque, par exemple, elle rompt tout dialogue. Parfois, notre discours se révèle contre-productif, favorisant précisément l'inverse de ce que l'on cherchait à obtenir… L'idée de ce livre est d'aider à éviter ces situations et de faire des mots de vrais alliés dans cette difficile fonction consistant à élever un enfant et s'en occuper au quotidien.

Certes, les phrases négatives ne sont pas prononcées que par les parents : une grande partie d'entre elles lui proviennent de tous les espaces où il évolue et auxquels il est confronté, dans la cour de récréation ou sur le terrain de son activité sportive, à la télévision, sur les forums ou les différents chats des applications mobiles… Les phrases d'autres adultes, celles des copains, des personnages pas toujours recommandables de dessins animés, de films ou de romans, auxquels il prendra plaisir à s'identifier, auront cependant toujours moins d'impact que les paroles des êtres qui lui sont les plus proches, dont il est à la fois le fruit et le prolongement.

L'importance de la qualité du langage baignant l'enfant, dans son milieu familial, permet de relativiser et de nuancer l'impact que peuvent avoir les autres milieux, et de rappeler le nécessaire équilibre offert par la diversité de ses espaces d'expérience et d'expression.

L'enfant évoluera en fonction de tout ce qu'il lui sera donné d'entendre et d'écouter, de mémoriser ou d'oublier. Rappelons les propos de Montaigne, pour qui « la moitié est à celui qui parle, l'autre à celui qui écoute »... L'enfant est sensible, influençable, pour autant il sait aussi parfois être sourd ou se protéger de paroles maladroites. C'est avant tout un être en développement qui évolue au gré des expériences qu'il vit et qui favorisent des remaniements continuels.

Et comme toute parole est imparfaite pour dire le fond des idées, des émois, des pensées, des désirs, on peut se rappeler qu'en cas de doute, chacun a le loisir de ne rien dire, de faire silence. Il est d'or, souvent, ce silence, quand d'argent sont les mots. Et se taire est parfois le meilleur usage que l'on peut faire de la parole, pour mieux entendre ce qu'un comportement muet ou l'expression silencieuse d'une émotion bruyante peuvent vouloir nous dire.

Heureusement, ce que la parole abîme, la parole le répare, et il n'est jamais trop tard pour reprendre ce que l'on vient de prononcer, pour améliorer, atténuer, corriger, modifier, préciser, récuser ce qui vient d'être dit. Oui, si les mots peuvent blesser, les mots réparent et sauvent. Selon un proverbe portugais, « une bonne parole éteint plus de feux qu'un baquet d'eau ».

La parole ouvre les rideaux sur nos pensées et sur nos sentiments ; elle n'est pas, cependant, le seul moyen qui s'offre à nous pour cela. Elle est souvent inutile quand les yeux parlent ou quand le corps manifeste nos ressentis. Le langage non verbal, celui de notre corps, de nos gestes, de nos mimiques, occupe également une place. Nous n'avons pas oublié de le mentionner dans les chapitres précédents, notamment pour évoquer les échanges avec les plus petits. Le nouveau-né le comprend sans doute avant le langage oral. Le langage du corps compense parfois, heureusement, certains mots qui nous échappent et qu'on regrette. À l'inverse, nous ne le maîtrisons pas toujours, aussi il est bon d'en prendre conscience, d'apprendre à s'écouter soi-même, c'est-à-dire à sentir ce que notre corps exprime, pour éventuellement le corriger, justement, par le verbe et la parole.

Ce livre a pour vocation d'aider à trouver les bons mots, les expressions qui protègent, les formulations qui soulagent et font grandir en force et en intelligence. Aucune de ces phrases, bien sûr, n'affirme être la maxime idéale, et cet ouvrage n'a pas la prétention d'être exhaustif. Il s'agit davantage de proposer des suggestions que chacun adaptera à sa personnalité ou à sa sensibilité, des pistes de réflexion pour faire évoluer en toute bienveillance les échanges et les relations que nous avons avec nos proches. Parmi les différents brins qui viennent tisser ces relations, les fils de nos conversations se combinent, quoiqu'on en pense, à ceux de nos actions.

Nous avons résolument cherché à insuffler à ce texte la plus grande bienveillance, c'est dans cet esprit que cet opus a été rédigé. Espérons qu'il apportera à chaque adulte, parent, grand-parent, familier ou tuteur soucieux d'accompagner au mieux les enfants dont il a la responsabilité, des idées, des modes de réflexion ou, à tout le moins, des pistes pour faciliter la communication et les relations.